HMH DIMENSIONES DE LAS CIENCIAS™

Grado 1

Este libro del estudiante para escribir pertenece a

_____

Maestro/Salón

_____

Houghton Mifflin Harcourt™

Autores de consulta

Michael A. DiSpezio
Global Educator
North Falmouth, Massachusetts

Marjorie Frank
Science Writer and Content-Area
 Reading Specialist
Brooklyn, New York

Michael R. Heithaus, PhD
Dean, College of Arts, Sciences & Education
Professor, Department of Biological Sciences
Florida International University
Miami, Florida

Cary Sneider, PhD
Associate Research Professor
Portland State University
Portland, Oregon

Consultores del programa

Paul D. Asimow, PhD
Eleanor and John R. McMillan Professor of Geology and Geochemistry
California Institute of Technology
Pasadena, California

Eileen Cashman, PhD
Professor
Humboldt State University
Arcata, California

Mark B. Moldwin, PhD
Professor of Space Sciences and Engineering
University of Michigan
Ann Arbor, Michigan

Kelly Y. Neiles, PhD
Assistant Professor of Chemistry
St. Mary's College of Maryland
St. Mary's City, Maryland

Sten Odenwald, PhD
Astronomer
NASA Goddard Spaceflight Center
Greenbelt, Maryland

Bruce W. Schafer
Director of K–12 STEM Collaborations, retired
Oregon University System
Portland, Oregon

Barry A. Van Deman
President and CEO
Museum of Life and Science
Durham, North Carolina

Kim Withers, PhD
Assistant Professor
Texas A&M University-Corpus Christi
Corpus Christi, Texas

Adam D. Woods, PhD
Professor
California State University, Fullerton
Fullerton, California

Revisores docentes

Michelle Barnett
Lichen K–8 School
Citrus Heights, California

Brandi Bazarnik
Skycrest Elementary
Citrus Heights, California

Kristin Wojes-Broetzmann
Saint Anthony Parish School
Menomonee Falls, Wisconsin

Andrea Brown
District Science and STEAM Curriculum TOSA
Hacienda La Puente Unified School District
Hacienda Heights, California

Denice Gayner
Earl LeGette Elementary
Fair Oaks, California

Emily Giles
Elementary Curriculum Consultant
Kenton County School District
Ft. Wright, Kentucky

Crystal Hintzman
Director of Curriculum, Instruction and Assessment
School District of Superior
Superior, Wisconsin

Roya Hosseini
Junction Avenue K–8 School
Livermore, California

Cynthia Alexander Kirk
Classroom Teacher, Learning Specialist
West Creek Academy
Valencia, California

Marie LaCross
Fair Oaks Ranch Community School
Santa Clarita, California

Emily Miller
Science Specialist
Madison Metropolitan School District
Madison, Wisconsin

Monica Murray, EdD
Principal
Bassett Unified School District
La Puente, California

Wendy Savaske
Director of Instructional Services
School District of Holmen
Holmen, Wisconsin

Tina Topoleski
District Science Supervisor
Jackson School District
Jackson, New Jersey

Eres científica.

Eres curiosa por naturaleza.

Tal vez te hayas preguntado cosas como estas.

¿Por qué se funde el hielo?

¿Por qué late el corazón?

¿De dónde vienen los truenos?

¿Qué necesitan los animales para crecer?

HMH DIMENSIONES DE LAS CIENCIAS™

DESPERTARÁ
tu curiosidad.

¿Qué imaginas para cuando seas grande?

Dibuja lo que te gustaría ser cuando seas grande.

Conviértete en científico.
Trabaja como lo hacen los científicos de verdad.

Resuelve problemas.

Pásalo bien.

Explica por qué.

Conviértete en ingeniero.
Resuelve problemas como lo hacen los ingenieros.

Diseña.

Resuelve.

Pon a prueba.

Explica el mundo que te rodea.
Empieza con una pregunta.

Hazlo.

Piénsalo.

Preséntalo.

Hay más de una manera de llegar a la respuesta. ¿Cuál es tu manera?

Trabaja en equipo.

Haz una afirmación.

Justifícala con evidencias.

© Houghton Mifflin Harcourt

Ciencias de la vida
Unidad 4 • Estructuras de las plantas y los animales..................... 137

© Houghton Mifflin Harcourt

Unidad 5 • Los seres vivos y sus descendientes 217

© Houghton Mifflin Harcourt

Ciencias de la Tierra y el espacio
Unidad 6 • Objetos y patrones en el cielo 275

Seguridad en las ciencias

La clase de ciencias es muy divertida. Pero las prácticas de laboratorio pueden ser peligrosas. Debes conocer las reglas de seguridad y escuchar lo que indica el maestro.

🚫 No comas ni bebas nada.

🚫 No toques los objetos filosos.

✔ Lávate las manos.

✔ Ponte las gafas protectoras para cuidar tus ojos.

✔ Sé ordenado y limpia los derrames.

✔ Si algo se rompe, avisa al maestro.

✔ Pórtate bien.

Encierra en un círculo las imágenes donde se respetan las reglas de seguridad. Marca con una X las imágenes donde no se respetan las reglas de seguridad.

Unidad 1
Ingeniería y tecnología

Proyecto de la unidad • Bolsillos seguros

¿Cómo puedes evitar que se te caigan cosas del bolsillo de tu chaqueta? Investiga para saberlo.

Unidad 1: Vistazo

Vocabulario de la unidad

ingeniero persona que usa las matemáticas y las ciencias para resolver problemas (pág. 6)

problema algo que se debe arreglar o mejorar (pág. 6)

solución algo que resuelve un problema (pág. 6)

tecnología lo que crean los ingenieros para satisfacer las necesidades y resolver problemas (pág. 9)

proceso de diseño plan con pasos que permite encontrar soluciones a los problemas (pág. 20)

Juego de vocabulario • Adivina la palabra

Materiales
• un set de tarjetas de palabras

Cómo se juega
1. Prepara tarjetas de palabras con un compañero.
2. Coloca las tarjetas boca abajo en un montón.
3. Un jugador toma la tarjeta de arriba, pero no la muestra.
4. El otro jugador hace preguntas hasta que adivina cuál es la palabra.
5. Luego, ese jugador toma una tarjeta.

© Houghton Mifflin Harcourt

Las personas crean cosas para resolver problemas.

Al final de esta lección,
podré describir cómo las personas entienden
los problemas y crean tecnología.

Comprender el problema

Mía usa auriculares para escuchar música.

Los guarda en el bolsillo.

Aprende en línea. ▶

¿Puedes explicarlo?

✏️ ¿Cuál es el problema de Mía? ¿Cómo puedes comprender el problema para resolverlo?

_____

_____

_____

¿Qué es un ingeniero?

Aprende en línea. ▶

Los ingenieros usan las ciencias y las matemáticas para construir puentes.

Los ingenieros crean carros que no necesitan gasolina.

Los ingenieros construyen juegos mecánicos seguros.

Un **ingeniero** es una persona que usa las matemáticas y las ciencias para resolver problemas. Un **problema** es algo que se debe arreglar o mejorar. Los ingenieros buscan soluciones. Una **solución** es algo que resuelve un problema.

Aprende en línea. ▶

Los ingenieros identifican el problema.

Luego se hacen preguntas sobre el problema. Observan y reúnen información.

Los ingenieros pueden resolver un problema. Primero, tienen que entenderlo.

© Houghton Mifflin Harcourt

¿Qué hacen los ingenieros? Elige todas las respuestas correctas.

(A) encuentran y resuelven problemas

(B) usan las matemáticas y las ciencias

(C) hacen preguntas

Aplica lo que sabes

Cuaderno de evidencias •

Actúa como un ingeniero. Pon auriculares en tu bolsillo. Camina por el salón de clases durante dos minutos. ¿Qué ocurre? Trabaja en grupo. Hagan preguntas sobre el problema. Anoten las preguntas. Luego, hagan observaciones y reúnan evidencias.

Hacer preguntas y definir problemas
Busca sugerencias en el manual en línea.

¿Qué es la tecnología?

Aprende en línea. ▶

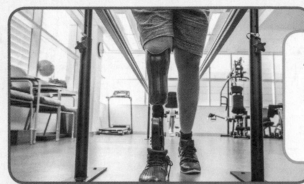

Alguien puede caminar gracias a la tecnología.

La tecnología puede ser simple, como un martillo.

La **tecnología** es lo que crean los ingenieros para satisfacer las necesidades y resolver problemas. La tecnología puede incluso ser una idea de la naturaleza. La idea de los aviones vino de las aves.

¿Qué objetos son producto de la tecnología? Elige todas las respuestas correctas.

Ⓐ una lámpara

Ⓑ un árbol

Ⓒ un lápiz

Práctica matemática • Esta tabla de conteo muestra cómo los niños de una clase usan la tecnología cada día.

Tecnología	
lápiz	|||||
tableta	||||| ||||
teléfono celular	|||||	

¿Cuántos niños más usan una tableta en lugar del teléfono celular cada día?

_____ niños más

Interpretar datos Busca sugerencias en el manual en línea.

Aplica lo que sabes

Lee, escribe y preséntalo • **Cuaderno de evidencias** • Busca tres tipos de tecnología. ¿Cómo sabes que son producto de la tecnología? ¿Qué problemas resuelven? Presenta evidencias para responder las preguntas. Escribe las respuestas en el Cuaderno de evidencias.

Recordar información Busca sugerencias en el manual en línea.

Actividad práctica
Ingeniería • Resuelve el problema

> **Materiales** • auriculares • materiales del salón de clases

Pregunta

_____

Pon a prueba y anota los resultados ▶ Aprende en línea.

Paso 1

Explica el problema. Reúne información sobre el problema.

Paso 2

Planea dos soluciones.

Paso 3

Usa los materiales del salón de clases para construir tus soluciones.

Paso 4

Presenta las soluciones. Describe cómo la forma de cada solución resolvió el problema.

Haz una afirmación en la que respondas la pregunta.

¿Qué evidencias tienes?

Un paso más

Profesiones de las ciencias y la ingeniería • **Ingeniero de embalajes**

Aprende más en línea.

Línea cronológica del transporte

Aprende en línea. ▶

¿Qué hacen los ingenieros de embalajes? Aquí tienes una pista. Ves su trabajo en los estantes de las tiendas todos los días.

Diseñan cajas y otras clases de paquetes. Usan computadoras para planear sus ideas.

Luego, ponen a prueba sus ideas. ¡Tiran y aplastan los paquetes! Se aseguran de que lo que está adentro esté protegido.

Luego, una fábrica construye los paquetes.

© Houghton Mifflin Harcourt • Image Credits: (t) ©vm/iStockPhoto.com

 Traza una línea que una cada objeto con la mejor forma de empacarlo.

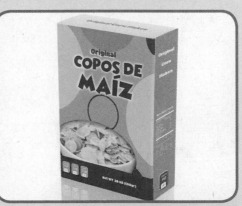

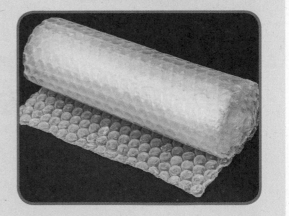

Revisión de la lección

Aprende en línea. ▶

¿Puedes explicarlo?

✎ ¿Cuál es el problema de Mía? ¿Cómo puedes comprender el problema para resolverlo?

Asegúrate de

• identificar el problema de Mía.

• describir los pasos necesarios para entender el problema y resolverlo.

_____

_____

_____

Autorrevisión

1. ¿Qué es lo primero que hacen los ingenieros?

   Ⓐ reúnen información sobre el problema

   Ⓑ encuentran soluciones a un problema

   Ⓒ identifican un problema

2. ¿Qué objetos son ejemplos de tecnología?
   Encierra en un círculo todas las respuestas correctas.

3. ¿Qué problema puede resolver la tecnología?

    (A) María perdió una carta en su casa.

    (B) Héctor no está de acuerdo con su hermana.

    (C) Las correas de la mochila de Theo son incómodas.

4. ¿Qué muestra la imagen?

    (A) un ingeniero

    (B) tecnología

    (C) un problema

5. ¿Qué hacen los ingenieros para entender un problema? Elige todas las respuestas correctas.

    (A) Hacen preguntas.

    (B) Observan cosas.

    (C) Reúnen información.

Los ingenieros resuelven problemas grandes y pequeños.

Al final de esta lección,

podré describir y usar el proceso de diseño para resolver un problema.

El problema de la correa del perro

Aprende en línea. ▶

Los problemas de todos los días requieren soluciones.
El perro de Max siempre tira de la correa.

¿Puedes resolverlo?

✏️ ¿Cómo diseñarías una correa que evite que un perro tire durante un paseo?

_____

_____

_____

Paso 1: Definir el problema

Aprende en línea. ▶

Proceso de diseño

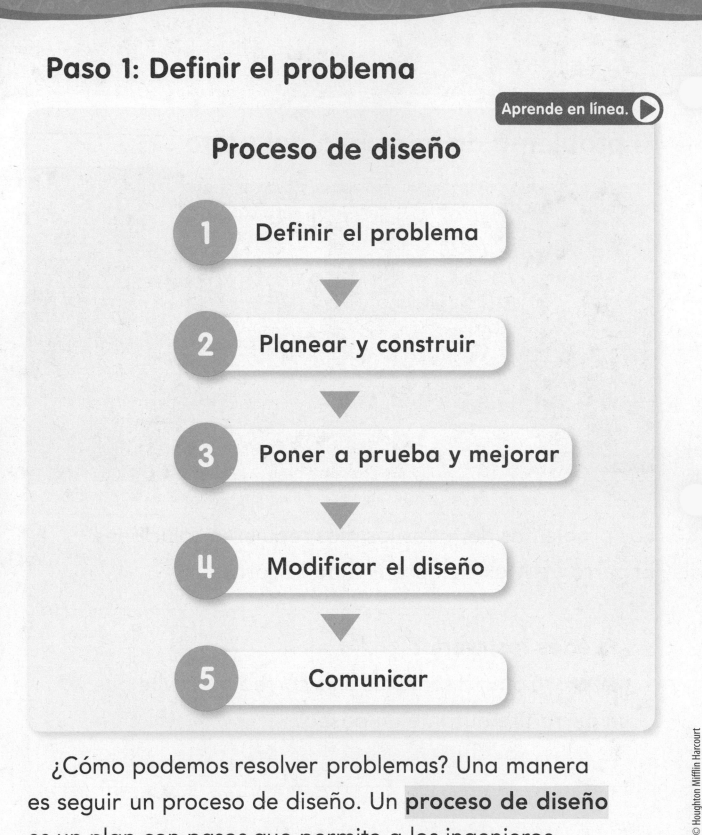

1 Definir el problema

▼

2 Planear y construir

▼

3 Poner a prueba y mejorar

▼

4 Modificar el diseño

▼

5 Comunicar

¿Cómo podemos resolver problemas? Una manera es seguir un proceso de diseño. Un **proceso de diseño** es un plan con pasos que permite a los ingenieros encontrar buenas soluciones.

Las galletas para el perro de Lara siempre se desmigajan cuando las guarda en el bolsillo. ¡Es un lío! Eso es un problema. Necesita encontrar una manera de proteger las galletas.

Lara define su problema. Reúne información sobre el problema.

Aprende en línea.

✏️ ¿Cuál es el Paso 1 de un proceso de diseño?

_____

Aplica lo que sabes

Define un problema de tu salón de clases. Haz observaciones y reúne información sobre el problema. Comenta el problema con tus compañeros. Describe lo que sabes de él.

Hacer preguntas y definir problemas
Busca sugerencias en el manual en línea.

Paso 2: Planear y construir

Aprende en línea. ▶

¿Qué hace Lara a continuación? Piensa en dos soluciones para contener y proteger las galletas. Elige los materiales y construye las soluciones.

✏️ Quieres planear una solución. ¿Qué es lo primero que debes hacer?

_____

Aplica lo que sabes

Piensa en el problema que encontraste en el salón de clases. Piensa en dos soluciones. Haz modelos de ellas. Luego, elige los materiales y construye las soluciones. Sigue tus modelos.

Desarrollar y usar modelos • Estructura y función Busca sugerencias en el manual en línea.

Paso 3: Poner a prueba y mejorar

Aprende en línea. ▶

Lara pone a prueba sus soluciones. Las dos protegen las galletas. Pero la bolsa es difícil de usar y tampoco es fácil manipular el largo rollo de toallas de papel. ¿Puede mejorar alguna de sus soluciones?

✏️ ¿Qué haces después de construir las soluciones?

Aplica lo que sabes

Cuaderno de evidencias • Pon a prueba tus soluciones para resolver el problema del salón de clases. ¿Cuál funciona mejor? Presenta evidencias para explicarlo. ¿Cómo mejorarías la solución?

Analizar e interpretar datos
Busca sugerencias en el manual en línea.

Paso 4: Modificar el diseño

Lara decide modificar el diseño del rollo de toallas de papel. Piensa que un rollo más corto funcionará mejor y lo corta por la mitad. Luego, pone a prueba la solución otra vez. ¡Funciona!

Aprende en línea. ▶

✏️ ¿Qué ocurre en el Paso 4 del proceso de diseño?

_____

_____

✋ Aplica lo que sabes

Cuaderno de evidencias • Ahora modifica el diseño de tu solución al problema del salón de clases. Pon a prueba la solución. ¿Funciona mejor? Presenta evidencias para explicar cómo lo sabes.

24

Paso 5: Comunicar

Aprende en línea. ▶

Lara dibuja la solución final y le toma una foto a su dibujo. Puedes dibujar, tomar fotos o escribir notas para presentar la solución. ¿Por qué es importante este paso? Otras personas pueden querer usar tu idea. Pueden tratar de mejorarla.

¿Cómo puedes comunicar la solución a un problema? Elige todas las respuestas correctas.

Ⓐ Hacer dibujos.

Ⓑ Tomar fotos.

Ⓒ Escribir notas.

Práctica matemática • Brooke construye dos soluciones para evitar que su gato rasguñe la silla. Pone a prueba la Solución 1 tres veces. Pone a prueba la Solución 2 seis veces. Agrega rayas en la tabla para mostrar cuántas veces Lara pone a prueba la Solución 2.

Representar datos
Busca sugerencias en el manual en línea.

Número de rasguños	
Solución 1	|||
Solución 2	

Aplica lo que sabes

Encontraste una solución al problema del salón de clases. Ahora comparte la solución con tus compañeros. Haz un dibujo de la solución. Escribe notas para describir lo que hiciste. Toma fotografías.

Actividad práctica
Ingeniería • ¡Protege las patas!

Materiales	• materiales del salón de clases
	• un tenedor • una silla pequeña

Pregunta

_____

Pon a prueba y anota los resultados  Aprende en línea. ▶

Paso 1

Define el problema.

_____

_____

Paso 2

Planea dos soluciones.
Elige los materiales
que usarás.

Paso 3

Construye las soluciones. Sigue tu plan.

Paso 4

Pon a prueba tus soluciones. Busca maneras de mejorar tus soluciones.

Paso 5

Piensa en cómo podrías mejorar el diseño de tus soluciones. Comparte tus soluciones.

Haz una afirmación en la que respondas la pregunta.

¿Qué evidencias tienes?

Un paso más

Personajes de las ciencias y la ingeniería • Mary A. Delaney

Aprende más en línea.

Resuelve un perro-blema

Aprende en línea. ▶

¿Sabías que las correas para perros que usamos hoy fueron inventadas hace mucho tiempo?

Ciudad de Nueva York, 1908

Mary A. Delaney vivía en Nueva York en 1908. Observó que las correas que se usaban tenían un problema. No mantenían a los perros cerca.

La correa de Mary A. Delaney hoy

Mary A. Delaney creó una correa que podía estirarse y contraerse. Con el paso del tiempo, las personas mejoraron la idea.

Un paso más

Lee, escribe y preséntalo • Conéctate. Investiga el diseño de una correa para perros. ¿Cómo funciona? ¿Qué problema resuelve? Haz un informe para comunicar lo que aprendiste. Puedes usar una computadora o una tableta. Agrega imágenes para mostrar el diseño de la correa.

Escribir para informar y explicar
Busca sugerencias en el manual en línea.

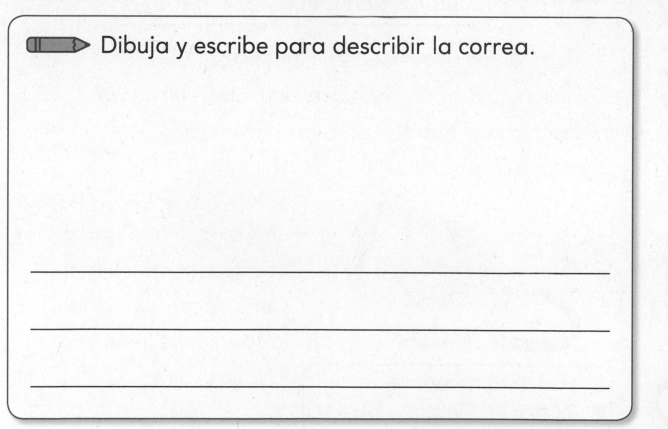

Dibuja y escribe para describir la correa.

_____

_____

_____

Revisión de la lección

Aprende en línea.

¿Puedes resolverlo?

✏️ ¿Cómo diseñarías una correa para evitar que el perro tire durante el paseo? Asegúrate de

• nombrar los pasos en un proceso de diseño.

• describir cómo usarías los pasos para resolver el problema.

_____

_____

_____

_____

Autorrevisión

1. ¿Cómo entiendes un problema en el Paso 1 de un proceso de diseño? Elige todas las respuestas correctas.

   (A) al hacer preguntas

   (B) al hacer observaciones

   (C) al reunir información

2. ¿Qué paso del proceso de diseño se muestra en esta foto?

   (A) Definir el problema

   (B) Planear y construir

   (C) Comunicar

3. Gabriel usa un proceso de diseño para construir un rascador de espalda. Pone a prueba el rascador de espalda. No es lo suficientemente largo. ¿Qué debería hacer a continuación?

   (A) tirar el rascador de espalda

   (B) comunicar su solución

   (C) buscar formas de mejorarlo

4. Kim construye un bote de arcilla. El bote debe ser resistente para poder llevar algunas monedas. ¿Cómo sabrá Kim si su bote funciona?

Ⓐ Debe poner a prueba si el bote flota.

Ⓑ Debe poner a prueba si las monedas flotan.

Ⓒ Debe poner a prueba si el agua tiene la altura necesaria.

5. Juan construye un estante para sus libros. El estante se cae una y otra vez. Busca nuevos materiales y lo reconstruye. ¿Qué problema está resolviendo?

Ⓐ Los libros de Juan no son muy livianos.

Ⓑ El estante de Juan no es muy resistente.

Ⓒ Juan no tiene suficientes libros.

Materiales

- cartón
- cinta adhesiva
- papel
- tijeras
- palitos planos
- ventilador o secador de pelo
- otros materiales del salón de clases

PASOS

Paso 1

Define un problema Quieres construir una casa que sea resistente al viento.

Paso 2

Planea y construye Planea al menos dos soluciones. Piensa en los materiales que necesitarás. Construye las soluciones.

Paso 3

Pon a prueba y mejora Pon a prueba las soluciones. ¿Cómo puedes mejorar tus soluciones?

Paso 4

Modifica el diseño Cambia los materiales o la manera en que los combinas. Pon a prueba las nuevas soluciones.

Paso 5

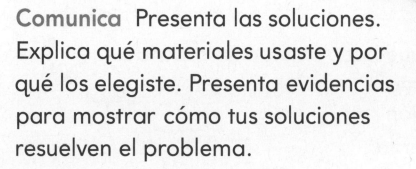

Comunica Presenta las soluciones. Explica qué materiales usaste y por qué los elegiste. Presenta evidencias para mostrar cómo tus soluciones resuelven el problema.

 Comprueba

_____ Construí dos soluciones.

_____ Puse a prueba mis soluciones.

_____ Modifiqué el diseño de mis soluciones.

_____ Presenté las soluciones a mis compañeros.

Nombre _____

1. ¿Qué hace un ingeniero? Elige todas las respuestas correctas.
    Ⓐ usar las matemáticas y las ciencias para resolver problemas
    Ⓑ seguir un proceso de diseño
    Ⓒ crear tecnología nueva

2. ¿Qué es lo último que hace un ingeniero para resolver un problema?
    Ⓐ reunir información
    Ⓑ definir el problema
    Ⓒ construir una solución

3. ¿Qué objetos de la imagen son ejemplos de tecnología? Elige todas las respuestas correctas.
    Ⓐ la caña de pescar
    Ⓑ el muelle
    Ⓒ el lago

4. Kayla está aprendiendo a montar en bicicleta. ¿Qué tecnología resuelve el problema de las caídas?
    Ⓐ un casco
    Ⓑ tenis
    Ⓒ ruedas de apoyo

5. ¿Qué problema puede resolver Derek con ayuda de la tecnología?

Ⓐ Derek no puede encontrar una hoja.

Ⓑ Derek tiene una rueda desinflada en su bicicleta.

Ⓒ Derek no puede decidir qué quiere comer.

6. ¿Qué tecnología puede servir para resolver cada problema? Traza una línea que una cada problema con la tecnología que ayuda a resolverlo.

7. ¿Cuál de las afirmaciones acerca de un problema
   es verdadera?
   Ⓐ Los problemas solo tienen una solución.
   Ⓑ Los problemas pueden tener muchas soluciones.
   Ⓒ Solo los ingenieros pueden resolver problemas.

8. Jacob encuentra un problema. Hace preguntas,
   hace observaciones y reúne datos. ¿Qué debería
   hacer a continuación?
   Ⓐ planear y construir
   Ⓑ poner a prueba y mejorar
   Ⓒ modificar el diseño

9. ¿Qué paso del proceso de diseño
   muestra la imagen?
   Ⓐ Definir el problema
   Ⓑ Comunicar
   Ⓒ Poner a prueba y mejorar

10. ¿Cómo se puede comunicar una solución?
    Elige todas las respuestas correctas.
    Ⓐ tomar fotos o hacer dibujos
    Ⓑ escribir notas
    Ⓒ hacer preguntas y observaciones

Unidad 2
El sonido

Proyecto de la unidad • Explorar el sonido

¿Por qué las vibraciones generan sonido? Investiga para saberlo.

Unidad 2: Vistazo

Vocabulario de la unidad

sonido tipo de energía que oyes cuando algo vibra (pág. 44)

vibrar moverse rápidamente hacia delante y hacia atrás (pág. 44)

volumen cuán alto o bajo es un sonido (pág. 46)

tono cuán agudo o grave es un sonido (pág. 47)

comunicar compartir información (pág. 60)

Juego de vocabulario • Forma parejas

Materiales
- un set de tarjetas de palabras
- un set de tarjetas de definiciones

Cómo se juega
1. Prepara tarjetas de palabras y de definiciones con un compañero.
2. Coloca las tarjetas boca arriba sobre la mesa.
3. Elige una tarjeta de palabras, lee la palabra y emparéjala con su definición.
4. Si encuentras la pareja, conserva las tarjetas y juega de nuevo.
5. Si no, es el turno de tu compañero.

El sonido puede hacer que los materiales se muevan.

Al final de esta lección,
podré explicar que los materiales que
vibran producen sonido y que el sonido
puede hacer que los materiales vibren.

El sonido hace que los objetos se muevan

Un parlante emite sonido. Observa lo que ocurre cuando se coloca agua sobre el parlante.

Aprende en línea. ▶

¿Puedes explicarlo?

✏️ ¿Por qué se mueve el agua?

_____

_____

_____

Produce un sonido

Los sonidos te rodean, pero ¿qué es el sonido? El **sonido** es un tipo de energía que oyes cuando algo vibra. **Vibrar** es moverse rápidamente hacia delante y hacia atrás.

Aprende en línea. ▶

En el piano, un martillo golpea una cuerda.

La cuerda vibra o se mueve. Produce un sonido que puedes oír.

¿Cuándo produce sonido
la cuerda de un piano?

Ⓐ cuando se corre

Ⓑ cuando vibra

Ⓒ cuando escucha

Aplica lo que sabes

Trabaja en grupo. Sostén una regla de metal sobre una mesa. Deja la mitad de la regla fuera del borde de la mesa. Golpea la parte de la regla que sobresale. ¿Qué oyes? Intenta producir distintos sonidos. ¿Qué hace que el sonido cambie?

Causa y efecto Busca sugerencias en el manual en línea.

Volumen y tono

Aprende en línea. ▶

Una sirena produce un sonido alto.

Un susurro es un sonido bajo.

¿Cuál es la diferencia entre una sirena y un susurro? Tienen diferentes volúmenes. Uno es alto y el otro es bajo. El **volumen** es cuán alto o bajo es un sonido.

tono grave   tono agudo

Aprende en línea.

    Los sonidos también pueden ser agudos
o graves. El **tono** es cuán agudo o grave es
un sonido. Puedes oír tonos agudos y graves
en el piano.

Las teclas de un lado del piano producen
sonidos graves. Las teclas del otro lado
del piano producen sonidos agudos.

© Houghton Mifflin Harcourt • Image Credits: dymax/Shutterstock, Inc.

Lección 1 • ¿Qué es el sonido?

47

✏️▶ Observa las imágenes. Escribe **alto** o **bajo** para describir el sonido que produce cada cosa.

_____   _____

_____   _____

✏️▶ Escribe **agudo** o **grave** para completar la oración.

El sonido de un trueno tiene un tono _____.

Práctica matemática • El tono se mide en hercios. El hercio es una medida de sonido. Una tuba puede tocar una nota con un tono de 32 hercios. Un chelo puede tocar una nota con un tono de 65 hercios.

Compara los números. Escribe <, > o =.

32   ◯   65

Comparar números Busca sugerencias en el manual en línea.

Aplica lo que sabes

Lee, escribe y preséntalo • Explora los tonos en tu salón de clases. Busca objetos que produzcan tonos agudos. Busca objetos que produzcan tonos graves. Haz una lista de los objetos. Comenta tu lista con tus compañeros.

Participar en debates Busca sugerencias en el manual en línea.

© Houghton Mifflin Harcourt

¿Qué produce el movimiento?

Aprende en línea. ▶

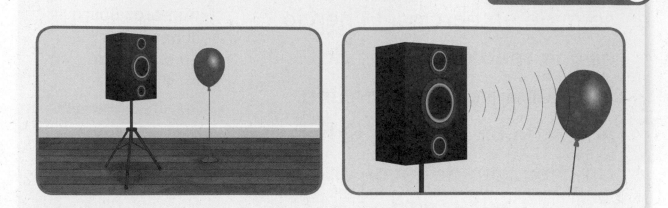

Observa las imágenes. Cuando el parlante está apagado, no hay sonido. El globo no se mueve. ¿Qué ocurre cuando el parlante está encendido y la canción empieza a sonar? Las ondas sonoras del parlante golpean al globo. El globo se mueve.

Aplica lo que sabes

Cuaderno de evidencias •

Trabaja con un compañero. Usa un diapasón y un vaso con agua para explorar el sonido. Planea una manera de demostrar que el sonido puede hacer que los materiales vibren. Presenta evidencias para explicar lo que ocurrió.

Causa y efecto •
Planear y realizar investigaciones
Busca sugerencias en el manual en línea.

Nombre _____

Actividad práctica
Haz que algo se mueva mediante el sonido

Materiales
- una lata de metal
- film transparente
- una liga
- arroz
- un recipiente
- una cuchara de madera

Pregunta

_____

Pon a prueba y anota los resultados 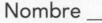 Aprende en línea. ▶

Paso 1

Arma un tambor. Ahora coloca un puñado de arroz sobre el tambor.

Paso 2

Haz la prueba. Golpea fuerte un recipiente muy cerca del tambor.

Paso 3

Anota lo que observaste. ¿El sonido del recipiente movió el arroz?

 © Houghton Mifflin Harcourt

Lección 1 • ¿Qué es el sonido?

51

Paso 4

Explica por qué se movió el arroz o por qué no se movió.
Identifica la causa y el efecto.

Haz una afirmación
en la que respondas
la pregunta.

¿Qué evidencias tienes?

Un paso más

Personajes de las ciencias y la ingeniería • Ludwig van Beethoven

Aprende más en línea.

Entonar

Aprende en línea.

partitura

Ludwig van Beethoven compuso música toda su vida. Dio su primer concierto a los siete años. Tuvo un problema cuando fue creciendo. Comenzó a perder la audición. Aun así, encontró la forma de componer música. Sentía la vibración del piano. Usaba sonidos graves porque los sentía mejor.

Beethoven escribió algunas de las piezas musicales más famosas del mundo. Los estudiantes aprenden sobre su vida y obra. Las orquestas tocan su música.

¿Cómo logró Beethoven seguir componiendo música después de perder la audición? Elige todas las respuestas correctas.

Ⓐ Usaba sonidos graves.

Ⓑ Tocaba la música más fuerte.

Ⓒ Sentía la vibración del piano.

Aprende en línea. ▶

¿Puedes explicarlo?

✏️➤ ¿Por qué se mueve el agua?

Asegúrate de

• describir cómo el sonido puede afectar a los materiales.

• explicar qué hace que el agua se mueva.

_____

_____

_____

_____

Autorrevisión

1. ¿Qué genera el sonido?

   Ⓐ el tono

   Ⓑ la energía cuando algo vibra

   Ⓒ el volumen

---

2. ¿Cuál es la principal diferencia entre los sonidos de una sirena y de un susurro?

   Ⓐ Tienen diferentes tonos.

   Ⓑ Tienen diferentes clases de energía.

   Ⓒ Tienen diferentes volúmenes.

---

3. ¿En qué imágenes ves que el sonido se produce cuando algo vibra? Encierra en un círculo todas las respuestas correctas.

4. ¿El sonido puede hacer que los materiales se muevan? ¿Qué deberías hacer para responder la pregunta?

Ⓐ puntear una cuerda de guitarra

Ⓑ golpear un recipiente cerca de una pila de arroz

Ⓒ soplar a través del pico de una botella de agua

5. Tim hace el experimento que se ve en la imagen. ¿Qué puede comprobar Tim con el experimento del diapasón?

Ⓐ El sonido puede hacer que los materiales se muevan.

Ⓑ Los sonidos pueden tener tonos graves o agudos.

Ⓒ Los sonidos pueden ser altos o bajos.

La música es una forma de enviar mensajes con el sonido.

Al final de esta lección,

podré explicar cómo usamos el sonido
para enviar mensajes a distancia.

Señales sonoras

Aprende en línea. ▶

Los delfines usan el sonido para enviarse mensajes.

¿Puedes explicarlo?

✏️ ¿Cómo podrías usar el sonido para enviar un mensaje a distancia?

_____

_____

_____

Comunicarse con el sonido

Aprende en línea. ▶

¿Cómo nos comunicamos con el sonido?

Comunicarse significa compartir información.

- Al hablar se usan palabras para compartir ideas.

- La música comunica sentimientos e ideas.

- Gritar es una manera de comunicarse.

- Los silbatos envían información.

¿Qué formas hay de comunicarse mediante el sonido? Elige todas las respuestas correctas.

(A) dibujar

(B) cantar

(C) hablar

Aplica lo que sabes

Trabaja con un compañero o en grupos pequeños. Túrnense para demostrar una forma de comunicarse con el sonido. Nombren todas las formas de comunicarse con el sonido.

_____

_____

_____

_____

_____

Comunicarse a distancia

Aprende en línea. ▶

Un megáfono hace que la voz suene más fuerte. Las personas pueden oír la voz desde más lejos.

Un teléfono celular envía sonido. También recibe sonido de otros teléfonos celulares.

La tecnología nos permite comunicarnos a larga distancia con el sonido.

Nombre _____

Actividad práctica
Ingeniería • Comunicarse a distancia

Materiales
• un objeto que hace ruido
• materiales para manualidades

Pregunta

_____

Pon a prueba y anota los resultados Aprende en línea. ▶

Paso 1

Sal afuera con tu objeto.
Pide a tu compañero
que se aleje 50 pasos.

Paso 2

Haz sonar tu objeto. Intenta comunicar distintas
cosas a tu compañero. Usa distintos volúmenes
y patrones con el sonido.

© Houghton Mifflin Harcourt

Paso 3

Planea y construye algo que haga que tu sonido sea más alto. Repite los Pasos 1 y 2 para poner a prueba tu solución.

Paso 4

Anota lo que observaste. Explica cómo usaste el sonido para comunicarte a distancia. Explica cómo tu solución hizo que el sonido fuera más alto.

Haz una afirmación en la que respondas la pregunta.

¿Qué evidencias tienes?

✏️▭⟶ ¿En qué imágenes ves tecnología que nos permite comunicarnos a distancia con el sonido? Encierra en un círculo las imágenes.

✋ Aplica lo que sabes

Práctica matemática •

Trabaja en grupos pequeños. Produce un sonido. ¿A qué distancia puede oírlo el otro grupo? Mide la distancia con los pies.

💡 **Usar unidades inusuales para medir la longitud** Busca sugerencias en el manual en línea.

Envía un mensaje

Usas tecnología para comunicarte. ¿Cómo sería tu vida sin la tecnología?

💡

La influencia de la ingeniería, la tecnología y las ciencias en la sociedad y la naturaleza Busca sugerencias en el manual en línea.

Aprende en línea. ▶

Puedes usar el correo electrónico para enviar mensajes. Sin el correo electrónico, tal vez tendrías que enviar cartas. Enviar cartas nos lleva mucho más tiempo.

Puedes llevar el teléfono celular a todos lados.
Cuando no había teléfonos celulares, se usaban
otras clases de teléfonos. Teníamos que estar
en un lugar donde hubiera un teléfono.

¿Cómo sería la vida sin correo electrónico
ni teléfonos celulares?

Ⓐ La vida sería igual.

Ⓑ Tendríamos que usar otras formas de tecnología.

Ⓒ No habría tecnología en absoluto.

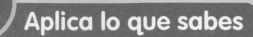

Aplica lo que sabes

Cuaderno de evidencias •

El reloj del salón de clases de al lado está roto. Quieres avisar a esa clase qué hora es, pero no puedes salir del salón. Haz una lista con soluciones en tu Cuaderno de evidencias.

Diseñar soluciones
Busca sugerencias en el manual en línea.

Dibuja una de tus soluciones. Usa evidencias para explicar por qué piensas que la solución funcionará.

_____

_____

_____

Un paso más

Profesiones de las ciencias y la ingeniería • Ingeniero de sonido

Aprende más en línea.

Código morse

Aprende en línea. ▶

Los ingenieros de sonido estudian el sonido y cómo se produce. Encuentran maneras de modificar el sonido para mejorarlo.

© Houghton Mifflin Harcourt • Image Credits: (tl) Juanmonino/ Getty Images; (b) © Gavin Roberts/Tap Magazine via Getty Images

Los ingenieros de sonido pueden trabajar en proyectos grandes o pequeños. Pueden fabricar auriculares y parlantes, o pueden encargarse del sonido de un gran teatro.

Lee, escribe y preséntalo •

Trabaja en grupo. Investiga.
Busca otra profesión en la que
se use o estudie el sonido.

Participar en un proyecto de escritura Busca sugerencias en el manual en línea.

Dibuja o escribe lo que descubriste.

_____

_____

_____

Revisión de la lección

Nombre _____

Aprende en línea. ▶

© Houghton Mifflin Harcourt • Image Credits: ©ken Kiefer 2/Cultura/Getty Images

¿Puedes explicarlo?

✏️ ¿Cómo podrías usar el sonido para enviar un mensaje a distancia?

Asegúrate de

- describir cómo las personas usan la tecnología para comunicarse.
- explicar cómo sería la vida sin esta tecnología.

_____

_____

_____

_____

Autorrevisión

1. ¿Qué hacen las personas cuando comparten información con otras?

   Ⓐ Se comunican.

   Ⓑ Toman medidas.

   Ⓒ Vibran.

2. John toca una campana para despertar a su hermana, que está en otra habitación. ¿Qué demuestra eso?

   Ⓐ La vida sería distinta sin tecnología.

   Ⓑ Se puede usar el sonido para comunicarnos a la distancia.

   Ⓒ Las personas necesitan muchas herramientas para comunicarse.

3. ¿Qué hacían las personas antes de tener teléfonos celulares? Elige todas las respuestas correctas.

   Ⓐ Escribían cartas.

   Ⓑ Usaban otras clases de teléfonos.

   Ⓒ No se comunicaban.

4. ¿En qué imágenes ves a alguien usando el sonido para comunicarse a distancia? Encierra en un círculo esas imágenes.

5. Si dejara de existir el correo electrónico, ¿qué crees que harían las personas?

Ⓐ abandonar la tecnología

Ⓑ dejar de comunicarse

Ⓒ escribir cartas

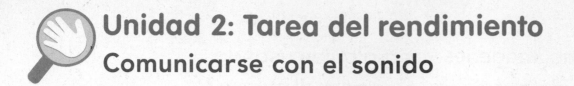

Unidad 2: Tarea del rendimiento
Comunicarse con el sonido

Materiales
- instrumentos musicales

PASOS

Paso 1

¿En tu escuela hay una campana que suena al comienzo del día? Haz una lista de los sonidos que se usan en la escuela para comunicar mensajes. Comenta la lista con tus compañeros.

Paso 2

Piensa maneras en las que puedes usar sonidos para comunicarte con otra clase. Planea qué materiales usarás.

Paso 3

Decide el significado que tendrán los diferentes sonidos y patrones de sonido. Haz una lista para que las personas aprendan los sonidos y sus significados.

Paso 4

Pon a prueba tus señales sonoras. ¿Los demás pueden entender tu mensaje?

Paso 5

Compara tu trabajo con el de tus compañeros. Comenta en qué se parecen y en qué se diferencian.

✔ Comprueba

_____ Comenté los sonidos que se usan en mi escuela para enviar mensajes.

_____ Planeé qué materiales usaría para comunicarme con el sonido.

_____ Hice una lista de lo que significan mis sonidos.

_____ Probé mis señales sonoras con otras personas.

_____ Comparé mi plan con otros planes.

Unidad 2: Repaso

Nombre _____

1. ¿Qué ocurre cuando algo vibra? Elige todas las respuestas correctas.
   Ⓐ Se mueve rápidamente hacia delante y hacia atrás.
   Ⓑ Puede producir sonido.
   Ⓒ Puede hacer que los materiales se muevan.

2. Beth cree que los materiales que vibran pueden producir sonido. ¿Qué debería hacer para comprobarlo?
   Ⓐ Debería escuchar los sonidos en su vecindario.
   Ⓑ Debería hervir una cazuela con agua.
   Ⓒ Debería puntear una cuerda de guitarra.

3. Escribe **alto** o **bajo** para describir el volumen del sonido en cada imagen.

_____

_____

_____

_____

© Houghton Mifflin Harcourt • Image Credits: (t) ©ozgurdonmaz/iStock/Getty Images Plus/Getty Images; (bl) ©liquidlibrary/Getty Images Plus/Getty Images; (br) ©Image Source/Getty Images

4. ¿Qué sonido tiene un tono agudo?
   Ⓐ un perro que gruñe
   Ⓑ una rueda que rechina
   Ⓒ un gato que ronronea

5. ¿En qué imágenes ves cómo el sonido puede mover materiales?

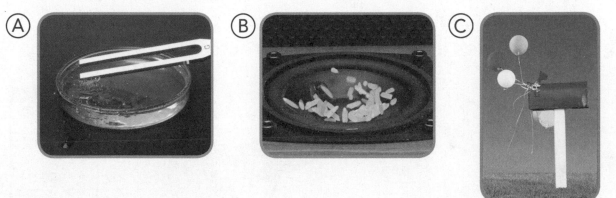

Ⓐ   Ⓑ   Ⓒ

6. Gerard quiere hacer un experimento para demostrar que el sonido puede mover materiales. ¿Qué debería hacer?
   Ⓐ poner arena sobre un tambor y golpear un recipiente junto al tambor
   Ⓑ verter una taza con arena en un recipiente grande
   Ⓒ colocar arena en un vaso mezclador y agitarlo

7. ¿Qué ocurriría si puntearas la cuerda de la guitarra de la imagen? Elige todas las respuestas correctas.
   Ⓐ Vibraría.
   Ⓑ Produciría sonido.
   Ⓒ Haría que otros materiales en la habitación se movieran.

© Houghton Mifflin Harcourt • Image Credits: (tl) ©sciencephotos/Alamy Images; (tr) ©Victoria Snowber/DigitalVision/Getty Images; (br) ©Tetra Images/Getty Images

8. ¿Qué hacen las personas cuando se comunican con el sonido?

Ⓐ Vibran.

Ⓑ Anotan datos.

Ⓒ Comparten información.

9. ¿Qué tipo de tecnología permite que las personas puedan comunicarse a distancia con el sonido? Elige todas las respuestas correctas.

Ⓐ   Ⓑ   Ⓒ

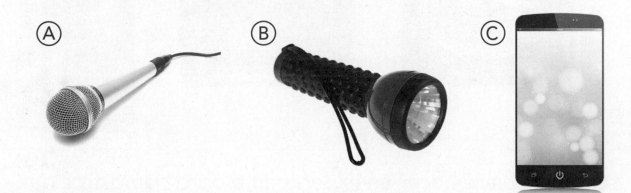

10. El perro de Ava corre por el campo. Ava usa un silbato para llamar a su perro. ¿Qué significa esto?

Ⓐ Ava necesita muchos instrumentos para comunicarse.

Ⓑ Ava usa el sonido para comunicarse a la distancia.

Ⓒ Ava no podría llamar a su perro sin tecnología.

Unidad 3
La luz

© Houghton Mifflin Harcourt

Proyecto de la unidad • Crear un arcoíris

¿Cómo puedes crear un arcoíris? Investiga para saberlo.

Unidad 3: Vistazo

Vocabulario de la unidad

luz tipo de energía que te permite ver (pág. 84)

sombra parte oscura que se forma cuando un objeto bloquea el paso de la luz (pág. 104)

reflejar rebotar desde una superficie (pág. 118)

Juego de vocabulario • Adivina la palabra

Materiales
• un set de tarjetas de palabras

Cómo se juega
1. Prepara tarjetas de palabras con un compañero.
2. Coloca las tarjetas boca abajo en un montón.
3. Un jugador toma la tarjeta de arriba, pero no la muestra.
4. El otro jugador hace preguntas hasta que adivina cuál es la palabra.
5. Luego, ese jugador toma una tarjeta.

© Houghton Mifflin Harcourt

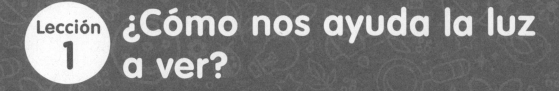

La luz te permite ver cosas.

Al final de esta lección, podré explicar por qué podemos ver un objeto si emite luz o si le da la luz.

© Houghton Mifflin Harcourt • Image Credits: ©Caleb li/Moment/Getty Images

Luz en la oscuridad

Es de noche. El cielo está oscuro. Pero puedes ver fuegos artificiales en un cielo oscuro.

Aprende en línea.

¿Puedes explicarlo?

¿Por qué puedes ver fuegos artificiales en un cielo oscuro?

_____

_____

_____

Todo sobre la luz

Aprende en línea.

La cueva está oscura. La lámpara la alumbra por dentro. Eso les permite a los exploradores ver las paredes y los objetos.

Gracias a las luces de un estadio, los jugadores pueden ver.

¿Cómo puedes ver objetos en lugares oscuros? Puedes ver objetos si la luz los alumbra. La luz de las lámparas nos permite ver. La **luz** es energía que te permite ver.

¿Cuándo puedes ver objetos en lugares oscuros?

Ⓐ todo el tiempo

Ⓑ si miras detenidamente

Ⓒ cuando la luz los alumbra

Práctica matemática •

Emma ve que se hace de día.
Su reloj muestra la hora.
¿A qué hora se hace de día?

Leer la hora
Busca sugerencias en el manual en línea.

Ⓐ 6:00

Ⓑ 12:00

Ⓒ 12:30

luz brillante → poca luz → luz baja

La cantidad de luz determina cuánto puedes ver. Puedes ver mucho en una habitación con luz brillante. Ves menos cuando hay poca luz. Ves muy poco con una luz baja.

✋ Aplica lo que sabes

Lee, escribe y preséntalo •

¿Cómo puedes ver objetos en una habitación oscura? Piensa la respuesta. Enciende una linterna en un salón de clases oscuro. Haz observaciones. Coméntalas con tus compañeros. Agrega detalles a tu respuesta.

Trabajar en grupo Busca sugerencias en el manual en línea.

Actividad práctica
Haz observaciones con distinta luz

| Materiales | • papel de dibujo | • un lápiz |

Pregunta

_____

Pon a prueba y anota los resultados `Aprende en línea.` ▶

Paso 1

Observa tu salón de clases cuando hay mucha luz. ¿Con qué claridad puedes ver los objetos y los detalles? Anota tus observaciones.

_____

_____

Paso 2

Ahora observa el mismo salón con poca luz. ¿Con qué claridad puedes ver los mismos objetos y los detalles? Anota tus observaciones.

_____

Paso 3

Finalmente, observa el salón con muy poca luz. ¿Qué ha cambiado? Anota tus observaciones.

_____

_____

Paso 4

Comenta tus observaciones. ¿Por qué los objetos se veían de distinto modo?

Haz una afirmación en la que respondas la pregunta.

¿Qué evidencias tienes?

Ver en la oscuridad

Aprende en línea. ▶

Una fogata da su propia luz. Puedes verla en la oscuridad.

Una barra luminosa emite su propia luz. Puedes verla en la oscuridad.

Puedes ver un objeto en la oscuridad si lo alumbras. También puedes ver un objeto en la oscuridad si este da su propia luz.

✏️ Encierra en un círculo el objeto que podrías ver mejor en una habitación oscura.

Aprende en línea.

No puedes ver mucho dentro de esta cueva oscura. Ninguno de los objetos que hay en su interior da su propia luz.

Un foco ilumina la cueva. Alumbra las rocas y otros objetos. Por eso puedes verlos.

No puedes ver un objeto que no da luz.

No puedes ver un objeto que no está alumbrado.

Un excursionista no puede ver una roca en una cueva oscura. ¿Por qué no? Elige todas las respuestas correctas.

Ⓐ La roca es más oscura que la cueva.

Ⓑ No hay luz alumbrando la roca.

Ⓒ La roca no emite luz.

Aplica lo que sabes

Cuaderno de evidencias •
Trabaja con un grupo pequeño. Pon el salón a oscuras. Piensa en esta pregunta: ¿Cómo puedes ver algunos objetos en la oscuridad? Diseñen juntos una prueba simple para responder a la pregunta. Haz observaciones. Usen las evidencias para responder a la pregunta.

Elaborar explicaciones y diseñar soluciones • Causa y efecto Busca sugerencias en el manual en línea.

Un paso más

Personajes de las ciencias y la ingeniería • Thomas Edison

Aprende más en línea.

Animales que brillan

Aprende en línea. ▶

Thomas Edison

Thomas Edison inventó muchas cosas importantes. Uno de sus inventos más importantes fue el foco. En 1879, creó uno de los primeros focos. Los focos funcionan con electricidad. Edison permitió que la electricidad llegara a las casas de las personas.

lámpara antigua

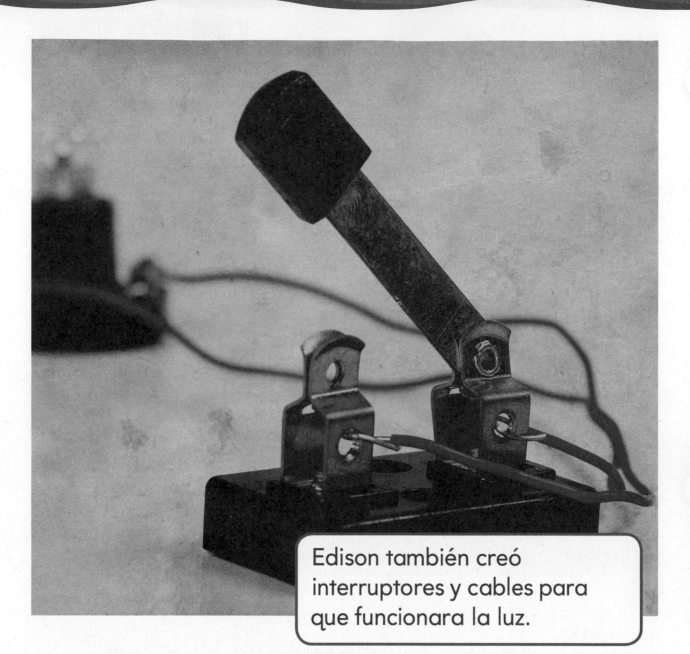

Edison también creó interruptores y cables para que funcionara la luz.

¿Cómo supo Thomas Edison que su foco funcionaba?

(A) Estaba conectado a unos cables.

(B) Necesitaba potencia.

(C) Daba luz.

Revisión de la lección

© Houghton Mifflin Harcourt • Image Credits: (l) ©phaitoons/Creatas Video/Getty Images; (r) ©Kontent Real/Image Bank Film/Getty Images

¿Puedes explicarlo?

✏️ ¿Por qué puedes ver fuegos artificiales en un cielo oscuro?

Asegúrate de

• explicar cuándo puedes ver objetos en la oscuridad.

_____

_____

_____

Autorrevisión

1. ¿Cuándo puedes ver un objeto? Elige todas las respuestas correctas.

   Ⓐ en la oscuridad

   Ⓑ cuando el objeto da luz

   Ⓒ cuando la luz lo alumbra

2. ¿Cómo podrías probar si un objeto da su propia luz?

   Ⓐ Alúmbralo con una lámpara.

   Ⓑ Intenta verlo en la oscuridad.

   Ⓒ Alúmbralo con una linterna.

3. ¿Qué objetos emiten su propia luz? Elige todas las respuestas correctas.

   Ⓐ el sol

   Ⓑ barras luminosas

   Ⓒ el fuego

4. Puedes ver algunos objetos
en esta sala de estar.
Explica por qué.

Ⓐ Hay muchas lámparas
en la sala de estar.

Ⓑ No hay ninguna lámpara
en la sala de estar.

Ⓒ Hay una lámpara en la
sala de estar.

5. Los acampantes ven el fuego.
¿Por qué lo pueden ver?

Ⓐ Una luz alumbra el fuego.

Ⓑ El espacio alrededor
del fuego está oscuro.

Ⓒ El fuego emite luz.

¿De qué manera los materiales bloquean la luz?

Los materiales bloquean la luz de distintas maneras.

Al final de esta lección,
podré explicar cómo se forman las sombras y que distintas cantidades de luz atraviesan distintos materiales.

Bloquear la luz

Este espectáculo de marionetas se hace en una habitación a oscuras. Aunque está oscuro, puedes ver distintas formas.

Aprende en línea. ▶

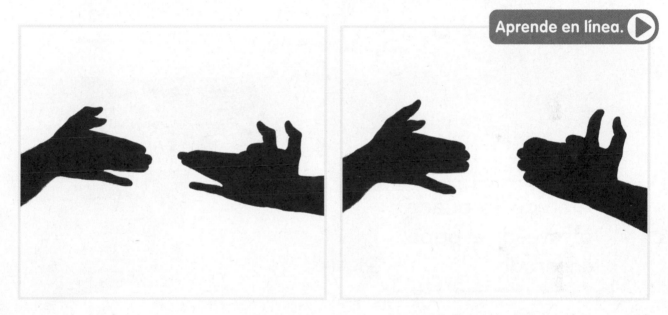

¿Puedes explicarlo?

✏️ ¿Cómo forma las figuras el artista?

_____

_____

_____

¿Cuánta luz?

Aprende en línea.

La luz no puede atravesar la madera.

Algo de luz puede atravesar el papel encerado.

Toda la luz atraviesa el vidrio transparente.

Distintos materiales dejan pasar distintas cantidades de luz.

Actividad práctica
Pon a prueba cómo la luz atraviesa los materiales

Materiales	• una linterna	• plástico transparente
	• plástico esmerilado	• contrachapado

Pregunta

Pon a prueba y anota los resultados   Aprende en línea. ▶

Paso 1

Enciende la linterna. Haz que la luz atraviese el plástico transparente. Observa cuánta luz pasa a través del plástico.

Paso 2

Pon a prueba el resto de los materiales. ¿Cuánta luz atraviesa cada material? ¿Cómo lo sabes?

Paso 3

Explica por qué distintos materiales permiten que distintas cantidades de luz los atraviesen. Identifica relaciones de causa y efecto.

Haz una afirmación en la que respondas la pregunta.

¿Qué evidencias tienes?

¿Cuánta luz deja pasar un tazón de vidrio transparente?

Ⓐ toda la luz

Ⓑ parte de la luz

Ⓒ nada de luz

✋ Aplica lo que sabes

Práctica matemática • Explora el salón de clases. Haz listas de objetos que dejen pasar toda la luz, parte de la luz y nada de luz. Cuenta y escribe cuántos objetos hay en cada grupo.

💡 **Escribir números** Busca sugerencias en el manual en línea.

Toda la luz	Poca luz	Nada de luz
___	___	___

© Houghton Mifflin Harcourt

Sombras

Aprende en línea. ▶

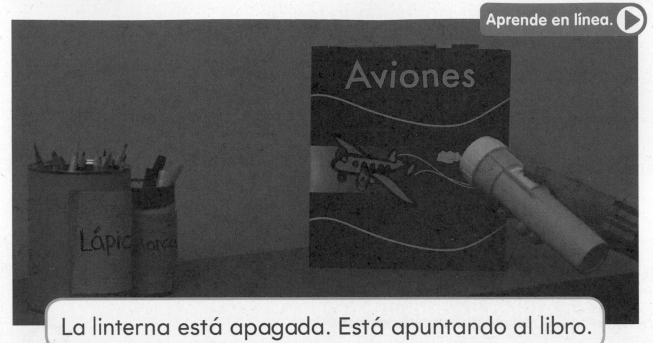

La linterna está apagada. Está apuntando al libro.

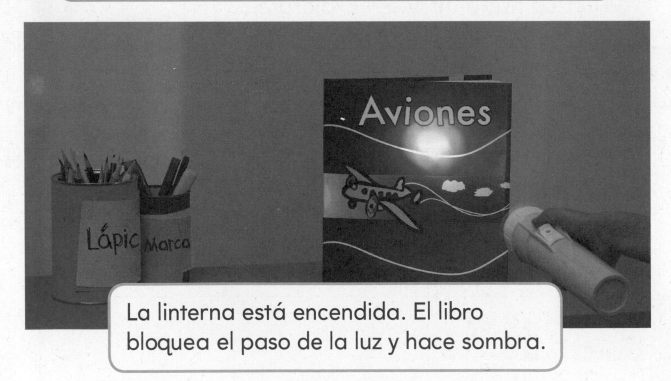

La linterna está encendida. El libro bloquea el paso de la luz y hace sombra.

Una **sombra** es la parte oscura que se forma cuando un objeto bloquea el paso de la luz. La luz no pasa a través del objeto.

El tamaño de la sombra cambia cuando se mueve la luz que alumbra el objeto.

¿Cuándo se forma una sombra?

Ⓐ Cuando un objeto bloquea el paso de la luz.

Ⓑ Cuando la parte oscura detrás de un objeto bloquea el paso de la luz.

Ⓒ Cuando la luz brilla sobre un objeto.

¿Cómo cambiará la sombra de un libro si la luz se acerca al libro?

Ⓐ Se hará más pequeña.

Ⓑ Se hará más grande.

Ⓒ Será del mismo tamaño.

Aplica lo que sabes

Cuaderno de evidencias • Trabaja en grupo. ¿Cómo afecta la forma de un objeto a su sombra? Diseña una prueba con papel y luz para responder la pregunta. Realiza la prueba. Reúne evidencias. Presenta evidencias para responder la pregunta.

Planear y realizar una investigación • Causa y efecto Busca sugerencias en el manual en línea.

Un paso más
Prismas

Aprende más en línea.

Haz un reloj de sol

Aprende en línea. ▶

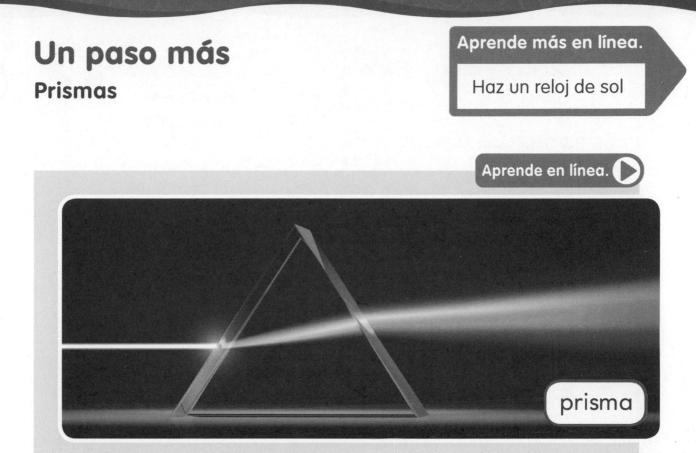

prisma

Un prisma es un pedazo de vidrio. La luz entra por un lado del vidrio. La luz se separa. Salen colores por el otro lado del vidrio.

Las gotas de lluvia pueden actuar como prismas. Pueden doblar la luz solar. Así se crean los colores del arcoíris.

Lee, escribe y preséntalo •

Comenta lo que aprendiste sobre los prismas con tus compañeros. Cuenta si has visto alguna vez un prisma o un arcoíris.

Participar en debates Busca sugerencias en el manual en línea.

Anota o dibuja lo que comentaste con tus compañeros.

_____

_____

_____

Nombre _____

Aprende en línea. ▶

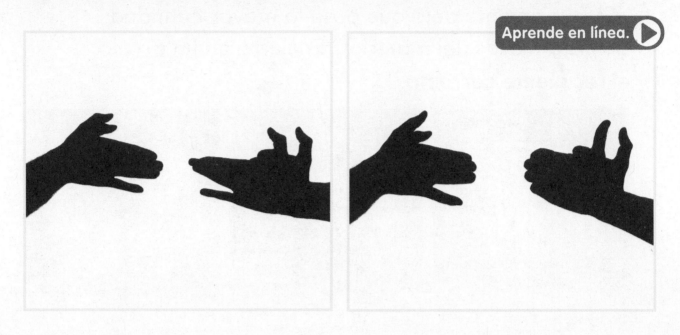

¿Puedes explicarlo?

✏️ ¿Cómo hace las formas el artista?

Asegúrate de

• explicar que distintas cantidades de luz pueden atravesar distintos materiales.

• explicar cómo se hacen las sombras.

_____

_____

_____

_____

Autorrevisión

1. ¿Qué recipiente deja que pase la mayor cantidad de luz a través del material? Encierra en un círculo el recipiente correcto.

2. ¿Cuánta luz atraviesa cada objeto? Empareja el objeto con las palabras que lo describan.

| Nada de luz lo atraviesa. | Toda la luz lo atraviesa. | Poca luz lo atraviesa. |

3. Eli piensa que todos los objetos bloquean toda la luz.
   ¿Cómo puede poner a prueba su idea?

   Ⓐ Puede hacer una sombra sobre una pared.

   Ⓑ Puede acercar la luz a un objeto.

   Ⓒ Puede alumbrar distintos objetos.

4. ¿Dónde está la sombra en esta imagen? Encierrála en
   un círculo para dar tu respuesta.

5. Haces una sombra de tu mano contra la pared con
   una linterna. Quieres que la sombra sea más pequeña.
   ¿Hacia dónde tienes que mover la linterna?

   Ⓐ Más cerca de tu mano.

   Ⓑ Más lejos de tu mano.

   Ⓒ No debes moverla.

Lección 3 ¿Cómo viaja la luz?

La luz puede moverse de un lugar a otro.

Al final de esta lección, podré explicar cómo las superficies lisas reflejan la luz y cómo se puede usar la luz para comunicarse.

© Houghton Mifflin Harcourt • Image Credit: ©Travelpix Ltd/Photographer's Choice/ Getty Images

Luz en los ojos

Aprende en línea. ▶

La luz del sol brilla directo en los ojos de Jayden.

La luz en los ojos puede ser un problema.

¿Puedes resolverlo?

✏️ ¿Cómo harías para que la luz no te apunte a los ojos?

_____

_____

_____

En línea recta

Aprende en línea. ▶

La luz viaja a través del agua en el tanque. Lo hace en línea recta.

Los niños juegan a pillarse con una linterna. La luz viaja en línea recta hasta que golpea un objeto.

La luz viaja en línea recta hasta que golpea un objeto.

Cuando la luz golpea un objeto, pueden suceder distintas cosas. La luz puede atravesarlo, absorberse o rebotar.

Aprende en línea. ▶

La luz golpea el vidrio. Toda la luz pasa a través del objeto.

La luz golpea el cartón. El cartón absorbe la luz.

La luz golpea el papel aluminio. La luz rebota.

✏️ ¿Qué le sucede a la luz cuando golpea cada objeto? Traza una línea que una cada imagen con el rótulo correcto.

La luz lo atraviesa.

La luz se absorbe.

La luz rebota.

¿Qué demuestra la luz en el tanque de agua sobre la luz?

(A) La luz no viaja.

(B) La luz viaja en línea recta.

(C) La luz nunca golpea un objeto.

Aplica lo que sabes

Cuaderno de evidencias • Trabaja en grupo. Responde la pregunta: ¿Cómo podemos mostrar que la luz viaja en línea recta? Usa tarjetas y una linterna. Presenta evidencias para responder la pregunta.

Causa y efecto Busca sugerencias en el manual en línea.

© Houghton Mifflin Harcourt

Una nueva dirección

Aprende en línea.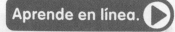

Observa las imágenes para ver cómo estas superficies pueden reflejar la luz.

La luz golpea el espejo. Se refleja en el espejo y cambia de dirección.

Las superficies lisas y brillantes reflejan la luz. **Reflejar** significa rebotar desde una superficie.

Aprende en línea.

Cuando el espejo se mueve, la luz también cambia de dirección.

La luz puede cambiar de dirección cuando golpea una superficie lisa y brillante.

Dibuja una superficie que refleje la luz.

Lección 3 • ¿Cómo viaja la luz?

✏️ Encierra en un círculo los objetos que reflejan la luz.

¿Qué muestra la imagen sobre los materiales lisos y brillantes?

Causa y efecto Busca sugerencias en el manual en línea.

Ⓐ Que cambian la dirección de la luz.

Ⓑ Que permiten que la luz los atraviese.

Ⓒ Que absorben toda la luz.

Actividad práctica
Pon a prueba lo que ocurre con la luz

> **Materiales**
> - una linterna
> - un espejo
> - una cuchara de metal
> - papel aluminio
> - molde de estaño

Pregunta

_____

Pon a prueba y anota los resultados   Aprende en línea. ▶

Paso 1

Planea una forma de probar qué ocurre cuando un rayo de luz toca superficies lisas y brillantes. Escribe tu plan.

Paso 2

Usa los materiales para hacer la prueba.

Anota lo que pasa.

Paso 3

Explica qué sucedió con el rayo de luz.
Identifica relaciones de causa y efecto.

Causa	Efecto

Haz una afirmación en la que respondas la pregunta.

¿Qué evidencias tienes?

Práctica matemática • Un rayo de luz viaja 5 pies. Un espejo lo refleja. La luz viaja 6 pies más. Luego rebota en una puerta de metal y viaja 2 pies más. ¿Cuántos pies viajó la luz en total?

Ⓐ 11 pies

Ⓑ 13 pies

Ⓒ 15 pies

Resolver problemas
Busca sugerencias en el manual en línea.

Aplica lo que sabes

Cuaderno de evidencias • ¿Puedes reflejar la luz hacia donde quieras? Trabaja con un compañero. Usa una linterna y tres espejos pequeños para hacer que la luz vaya en la dirección que quieras. Luego comenta con tus compañeros. Reúne evidencias. Escribe y dibuja en tu Cuaderno de evidencias. Usa la evidencia para explicar si tu prueba funcionó.

Planear y realizar una investigación
Busca sugerencias en el manual en línea.

Comunicarse con la luz

Aprende en línea.

Un semáforo se comunica con luces de colores. El verde significa avance. ¡El rojo significa pare!

Las luces de policía encendidas comunican que el carro de policía va rápido.

La luz de un faro permite a los barcos seguir su camino. También les advierte si hay peligro.

Las personas pueden utilizar la luz para comunicarse. Distintas luces dan distintos mensajes.

✏️ Encierra en un círculo las imágenes que muestran formas de comunicarse con la luz.

✋ **Aplica lo que sabes**

Trabaja con un compañero o un grupo pequeño. Busca una manera de enviar un mensaje con la luz. Planea. Reúne materiales. Pon a prueba tu plan. ¿Cómo sabrás que tu mensaje se entiende? Modifica el diseño de tu plan. Haz los cambios necesarios y ponlo a prueba de nuevo.

💡 **Planear y realizar una investigación**
Busca sugerencias en el manual manual en línea.

Un paso más

Profesiones de las ciencias y la ingeniería • Ingeniero de cámaras

Aprende más en línea.

Arte con luz

Aprende en línea. ▶

ingeniero de cámaras

¿Qué hacen los ingenieros de cámaras? Ayudan a diseñar y construir cámaras para fotos, películas y videos. Hacen grandes cámaras para las películas. Hacen cámaras pequeñas que van dentro de los teléfonos celulares.

cámara para películas

cámara de teléfono celular

© Houghton Mifflin Harcourt • Image Credits: (t) ©bjones27/E+/Getty Images; (br) ©E.V Binstock/Cultura/Getty Images; (bl) ©Nathan Jones/E+/Getty Images

Lee, escribe y preséntalo •

¿Qué te gustaría preguntarle a un ingeniero de cámaras? Escribe al menos dos preguntas. Con un compañero, investiga para buscar las respuestas a tus preguntas. Escribe lo que descubriste. Comunica lo que aprendiste.

Revisión de la lección

Aprende en línea. ▶

¿Puedes resolverlo?

✏️ ¿Cómo harías para que la luz no te apunte a los ojos? Asegúrate de

• explicar qué tipo de superficie puede hacer que la luz cambie de dirección.

• describir cómo la superficie hace que la luz cambie de dirección.

_____

_____

_____

_____

Autorrevisión

1. Ted cree que las superficies lisas y brillantes reflejan la luz. ¿Cómo podría usar una linterna para poner a prueba su idea?

   Ⓐ Podría dirigir la luz hacia una puerta de madera.

   Ⓑ Podría encender y apagar la linterna para enviar un mensaje.

   Ⓒ Podría observar qué ocurre cuando la luz brilla sobre un espejo.

2. ¿Qué le sucede a la luz al encontrarse con cada material? Traza una línea que una cada imagen con las palabras que describen qué sucede cuando la luz se encuentra con cada material.

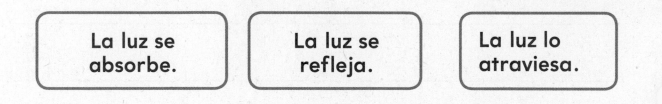

| La luz se absorbe. | La luz se refleja. | La luz lo atraviesa. |

3. Anna construye un instrumento que usa la luz para comunicarse. ¿Cómo sabe Anna si el instrumento funciona?

Ⓐ Anna puede enviar un mensaje y saber si alguien lo entiende.

Ⓑ Anna puede observar si la luz sale del instrumento.

Ⓒ Anna puede planear qué mensaje enviar con su instrumento.

4. ¿Qué le sucede a la luz cuando brilla sobre un pedazo de papel aluminio, liso y brillante?

Ⓐ Se absorbe.

Ⓑ Lo atraviesa.

Ⓒ Se refleja.

5. ¿Qué imágenes muestran formas de comunicarse con la luz a larga distancia? Encierra en un círculo las imágenes.

 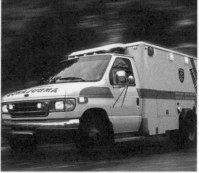

Unidad 3: Tarea del rendimiento
Observa los reflejos

Materiales

- espejo
- cinta de enmascarar
- papel

PASOS

Paso 1

Sujeta el espejo a la pared. Mírate al espejo. Puedes ver tu reflejo porque la luz rebota en tu cara.

Paso 2

Párate a un costado y mírate al espejo. ¿Qué partes de la habitación puedes ver? Escribe o dibuja lo que observaste.

Paso 3

Trabaja con un compañero para cubrir el espejo con el papel. Piensen en dónde necesitan pararse para verse el uno al otro en el espejo. Señalen el lugar con cinta.

Paso 4

Quiten el papel del espejo. Luego
párense sobre la cinta. ¿Puedes
ver a tu compañero? Si no puedes,
inténtalo de nuevo. Escribe o dibuja
tus observaciones.

Paso 5

Compara tus resultados con tus
compañeros. Comenten cómo la luz
viajó desde tu cara y rebotó en el
espejo para que tu compañero
pudiera verla.

✔ Comprueba

_____ Observé mi reflejo en el espejo.

_____ Trabajé con un compañero para adivinar
dónde pararnos.

_____ Anoté mis observaciones.

_____ Comparé mis resultados con otros compañeros.

Unidad 3: Repaso

Nombre _____

1. ¿En qué habitación podrías ver más objetos?
   Ⓐ una habitación con mucha luz
   Ⓑ una habitación con algo de luz
   Ⓒ una habitación con poca luz

---

2. ¿Por qué puedes ver fuegos artificiales en el cielo nocturno?
   Ⓐ El cielo detrás de los fuegos artificiales es oscuro.
   Ⓑ Los fuegos artificiales emiten su propia luz.
   Ⓒ La luz apunta a los fuegos artificiales.

---

3. ¿Qué podrías hacer para que los objetos en esta habitación sean más fáciles de ver?
   Ⓐ encender más lámparas
   Ⓑ apagar todas las lámparas
   Ⓒ hacer que haya menos luz

4. ¿Cuánta luz puede pasar a través de cada ventana? Empareja la ventana con las palabras que la describan.

| **Nada de luz la atraviesa.** | **Toda la luz la atraviesa.** | **Parte de la luz la atraviesa.** |

5. ¿Cuándo se forma una sombra?

Ⓐ cuando un objeto bloquea el paso de la luz

Ⓑ cuando un objeto emite su propia luz

Ⓒ cuando la luz brilla sobre un objeto

6. Caminas al lado de una lámpara y creas una sombra en la pared. Quieres que la sombra sea más grande. ¿Qué deberías hacer?

Ⓐ acercarte a la lámpara

Ⓑ alejarte de la lámpara

Ⓒ saltar en el lugar

© Houghton Mifflin Harcourt

7. ¿Cuáles de estas oraciones sobre la forma en que viaja la luz es verdadera? Elige todas las respuestas correctas.

Ⓐ La luz puede esquivar objetos.

Ⓑ La luz viaja en una línea recta hasta que golpea un objeto.

Ⓒ La luz puede reflejarse en un objeto.

8. ¿Qué objetos podrías usar para reflejar la luz? Elige todas las respuestas correctas.

Ⓐ un trozo de papel aluminio

Ⓑ una cuchara de madera

Ⓒ un espejo

9. Brad pone a prueba lo que sucede cuando pone una cuchara de metal en el camino de un rayo de luz. ¿Qué es más probable que vea Brad?

Ⓐ La luz atravesará la cuchara.

Ⓑ La cuchara absorberá la luz.

Ⓒ La luz se reflejará en la cuchara.

10. ¿Cómo hacen las personas para comunicarse a distancia con la luz? Elige todas las respuestas correctas.

Ⓐ Usan la luz para advertir a otros de peligro.

Ⓑ Usan la luz para aclarar una habitación.

Ⓒ Usan la luz para decirle a las personas que detengan sus carros.

136

Unidad 4
Estructuras de las plantas y los animales

© Houghton Mifflin Harcourt

Proyecto de la unidad • Investigar tu animal favorito

¿Cómo cubre sus necesidades tu animal favorito? Investiga para saberlo.

Unidad 4: Vistazo

Vocabulario de la unidad

imitar copiar (pág. 147)

branquias partes del cuerpo que toman el oxígeno del agua (pág. 183)

pulmones partes del cuerpo que toman el oxígeno del aire (pág. 183)

adaptación algo que le permite a un ser vivo sobrevivir en su medio ambiente (pág. 198)

medio ambiente todos los seres vivos y los componentes no vivos que hay en un lugar (pág. 198)

Juego de vocabulario • Forma parejas

Materiales
- un set de tarjetas de palabras
- un set de tarjetas de definiciones

Cómo se juega

1. Prepara tarjetas de palabras y de definiciones con un compañero.
2. Coloca las tarjetas boca arriba sobre la mesa.
3. Elige una tarjeta de palabras, lee la palabra y emparéjala con su definición.
4. Si encuentras la pareja, conserva las tarjetas y juega de nuevo.
5. Si no, es el turno de tu compañero.

Este árbol tiene partes que lo hacen vivir.

Al final de esta lección,

sabré las partes de la planta. Podré explicar que al observar plantas se pueden obtener ideas para resolver problemas.

© Houghton Mifflin Harcourt • Image Credits: © Zu Sánchez Photography/Getty Images

140

De la semilla al diseño

Aprende en línea. ▶

Al observar las plantas se nos pueden ocurrir ideas para resolver problemas.

¿Puedes resolverlo?

✏️ ¿Cómo se obtuvieron ideas para hacer las paletas de los helicópteros al observar semillas de arce?

_____

_____

_____

_____

Lección 1 • Ingeniería • ¿Qué partes de las plantas las hacen vivir?

141

Partes de la planta

Aprende en línea.

● El alimento de la planta se produce en las hojas.

● Una fruta contiene semillas.

● El agua fluye por el tallo hacia otras partes de la planta.

● Las semillas se forman en las flores. Las semillas se convierten en nuevas plantas.

● Las raíces toman el agua y mantienen la planta en la tierra.

● Las espinas protegen a la planta de los animales.

✏️ Encierra en un círculo la parte que produce semillas.

✏️ Marca con una X la parte que sostiene la planta. Cada parte de la planta la hace vivir.

142

© Houghton Mifflin Harcourt • Image Credits:

Práctica matemática • Observa una planta pequeña con flores. Cuenta sus partes. Representa los datos en la gráfica.

Representar los datos Busca sugerencias en el manual en línea.

Partes de la planta

Número de partes

10
8
6
4
2
0

flores   tallos   hojas

Parte de la planta

Aplica lo que sabes

Cuaderno de evidencias • Observa una planta real. Dibuja y rotula la planta en tu Cuaderno de evidencias. Presenta evidencias para describir qué hace cada parte de la planta.

En forma

¿Por qué la forma de cada parte de la planta la hace vivir?

Estructura y función Busca sugerencias en el manual en línea.

Aprende en línea.

Las raíces tienen tubos por dentro. El agua pasa del suelo a los tubos.

Los tallos tienen tubos por dentro. El agua fluye por los tubos hacia las flores y las hojas.

Las espinas son puntiagudas. Las espinas impiden que los animales se coman la planta.

Las hojas tienen superficies verdes y planas que toman la luz solar. También tienen pequeños agujeros por donde entra el aire.

Las frutas están diseñadas para contener las semillas en su interior. Protegen las semillas.

Observa la forma de esta parte de la planta. ¿Qué es lo que hace?

Ⓐ Lleva el agua a las partes de la planta.

Ⓑ Contiene las semillas.

Ⓒ Toma luz.

Aplica lo que sabes

Cuaderno de evidencias • Trabaja en grupo. Cubre la hoja de una planta con papel oscuro. ¿Qué le pasará a la hoja después de dos semanas? Presenta evidencias para explicar. Anota la explicación en el Cuaderno de evidencias.

Lección 1 • Ingeniería • ¿Qué partes de las plantas las hacen vivir?

145

Observar la naturaleza

Aprende en línea. ▶

Observa las imágenes para saber cómo se pueden obtener ideas al observar plantas.

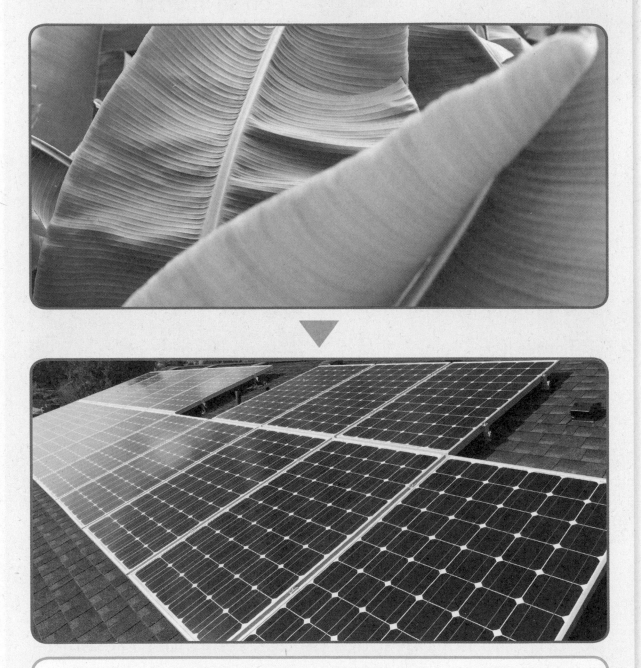

Las hojas toman luz solar para producir alimento. Los paneles solares toman luz solar y la convierten en electricidad.

Al observar espinas se obtuvo la idea para construir alambres de púas.

Al observar las plantas se nos pueden ocurrir ideas. Podemos **imitar**, o copiar, lo que observamos en la naturaleza para diseñar cosas que resuelvan problemas.

Lección 1 • Ingeniería • ¿Qué partes de las plantas las hacen vivir?

¿Qué planta se copió
para diseñar el edificio?

💡

**La influencia de la ingeniería,
la tecnología y las ciencias**
Busca sugerencias en el manual en línea.

Ⓐ Ⓑ Ⓒ

© Houghton Mifflin Harcourt • Image Credits: (t) ©John Kellerman/Alamy;
(bl) ©Image Source/Getty Images; (bc) ©Sylvia Schug/Getty Images;
(br) ©Siegfried Kaiser/Getty Images

✋ **Aplica lo que sabes**

💡

**Participar en
un proyecto
de investigación**
Busca sugerencias
en el manual
en línea.

Lee, escribe y preséntalo •
Cuaderno de evidencias • Trabaja
con un compañero. Investiga
imágenes de plantas. Nombra
soluciones que se parezcan a esas
plantas. Presenta evidencias
para explicar cómo lo sabes.

Observa las plantas

Aprende en línea. ▶

Este cactus tiene pliegues en el tallo. Los pliegues dan sombra a la planta. La sombra mantiene al cactus fresco bajo el sol caliente.

Las hojas de este árbol pueden inclinarse. De esta forma, el sol no impacta en ellas de forma directa. Eso mantiene al árbol fresco.

Cuando hace mucho calor, este cactus se encoge en el fresco suelo del desierto.

Algunas plantas tienen maneras de mantenerse frescas cuando hace calor.

Aplica lo que sabes

Trabaja en un grupo pequeño. Observa una planta. Describe su forma y lo que hace cada parte. Observa la planta para idear una nueva solución.

Construir explicaciones y diseñar soluciones Busca sugerencias en el manual en línea.

Dibuja y rotula la solución.

Escribe sobre cómo la solución resuelve un problema.

Actividad práctica
Ingeniería • Observa las plantas para diseñar algo

Materiales • materiales para manualidades

Pregunta

_____

Pon a prueba y anota los resultados Aprende en línea. ▶

Paso 1

Explica el problema. Reúne información sobre el problema.

_____

Paso 2

Piensa en las partes de las plantas. Planea la solución.

Paso 3

Elabora la solución.

Paso 4

Comparte la solución. Explica cómo observar partes de la planta te dio una idea para elaborar la solución.

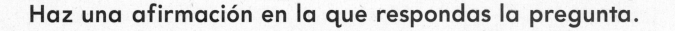

Haz una afirmación en la que respondas la pregunta.

_____

_____

_____

¿Qué evidencias tienes?

_____

_____

_____

Un paso más

Personajes de las ciencias y la ingeniería • Janine Benyus

Aprende más en línea.

Plantas que comemos

Aprende en línea. ▶

Janine Benyus ayuda a las personas a copiar ideas de plantas y animales para resolver problemas.

¡Benyus dice que es una nerd de la naturaleza!

Fue nombrada "Héroe del medio ambiente" por su trabajo.

Escribió seis libros sobre la naturaleza.

Pregúntale a Janine Benyus

Lee, escribe y preséntalo

Hacer preguntas
Busca sugerencias
en el manual en línea.

Trabaja con un compañero. Escribe preguntas para Janine Benyus. Luego, haz una entrevista. Un compañero representa el papel de Janine Benyus. El otro le hace preguntas. Luego, cambian los roles.

_____

_____

_____

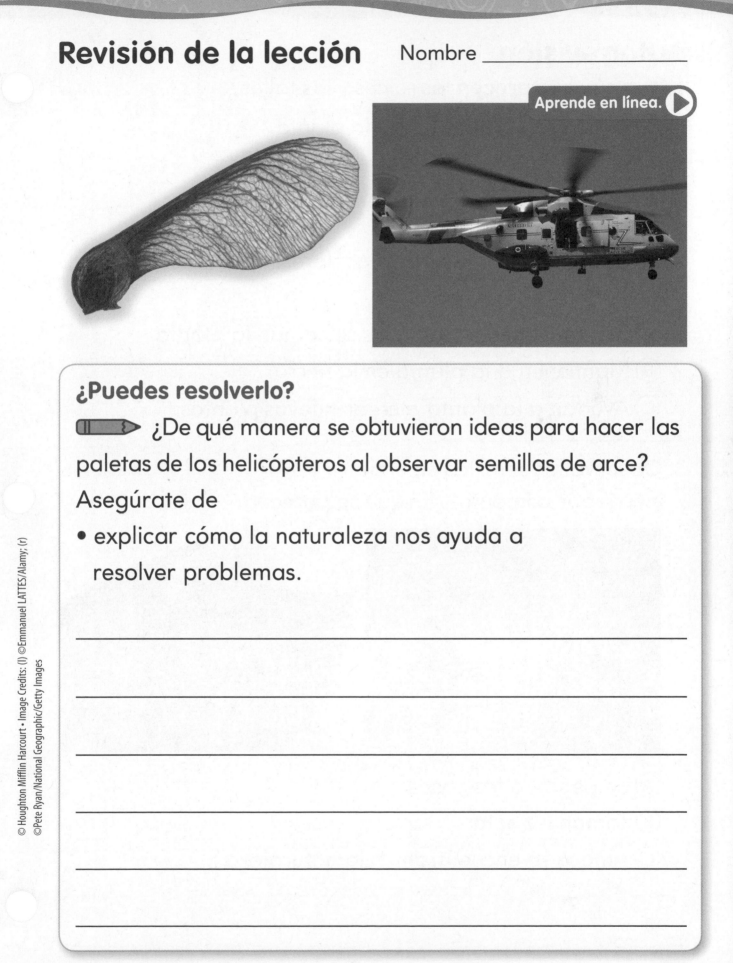

Aprende en línea.

¿Puedes resolverlo?

¿De qué manera se obtuvieron ideas para hacer las paletas de los helicópteros al observar semillas de arce?

Asegúrate de

• explicar cómo la naturaleza nos ayuda a resolver problemas.

_____

_____

_____

_____

_____

_____

Lección 1 • Ingeniería • ¿Qué partes de las plantas las hacen vivir?

155

Autorrevisión

1. ¿En qué se parecen las raíces y los tallos?

   Ⓐ Producen alimento para la planta.

   Ⓑ Llevan agua a otras partes de la planta.

   Ⓒ Ayudan a la planta a crear nuevas plantas.

2. ¿Cómo ayudan a la planta las flores, las frutas y las semillas?

   Ⓐ Impiden que los animales se coman la planta.

   Ⓑ Mantienen a la planta en la tierra.

   Ⓒ Ayudan a la planta a crear nuevas plantas.

3. Observa las semillas en el perro y el cierre por contacto. ¿En qué se parecen?

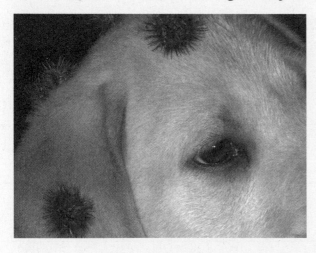 

   Ⓐ Se pegan a las cosas.

   Ⓑ Toman luz solar.

   Ⓒ Ambas se encuentran en la naturaleza.

4. ¿Qué planta sugirió la idea para cada solución? Traza
   líneas que unan las imágenes.

5. Tari quiere diseñar un modo de quitar la sal del
   agua marina. ¿Qué planta le conviene estudiar
   para obtener ideas?

   Ⓐ un árbol que vive en agua salada

   Ⓑ una flor que vive en un jardín

   Ⓒ un cactus que vive en el desierto

Ingeniería • ¿Qué partes del cuerpo protegen a los animales?

Los animales tienen partes del cuerpo que los protegen.

Al final de esta lección,
sabré cómo las partes del cuerpo protegen a los animales. Podré explicar por qué observar a los animales nos puede sugerir ideas para resolver problemas.

© Houghton Mifflin Harcourt • Image Credit: ©Stocktrek Images, Inc./Alamy

Mantenerse a salvo

Un erizo se enrolla sobre sí mismo como una pelota
cuando está en peligro. Tiene púas en todo su cuerpo.
¡A los animales no les gusta comer erizos llenos de púas!

Aprende en línea. ▶

¿Puedes resolverlo?

✏️ ¿Qué ideas para proteger algo se te ocurren
al observar un erizo?

_____

_____

_____

Huir del peligro

Aprende en línea. ▶

Un canguro salta con las patas traseras para mantenerse a salvo. Usa la cola para mantener el equilibro.

Una ardilla trepa para mantenerse a salvo. Tiene garras filosas que la ayudan a trepar.

Un delfín nada rápido para mantenerse a salvo. Usa la cola y las aletas para nadar.

Una mariposa tiene alas para volar. Por eso, es difícil atraparla.

Algunos animales usan partes del cuerpo para huir del peligro y mantenerse a salvo.

Estructura y función
Busca sugerencias en el manual en línea.

✏️ Traza una línea que una el animal con la forma en que se mueve para mantenerse a salvo.

trepa   nada   vuela

✋ **Aplica lo que sabes**

Lee, escribe y preséntalo •

Cuaderno de evidencias •

Trabaja con un compañero. Investiga cómo se mueven los animales para mantenerse a salvo. Dibuja imágenes de los animales. Escribe **corre**, **trepa**, **nada** o **vuela** para describir cómo se mueve. Presenta evidencias para explicar cómo lo sabes.

💡 **Participar en un proyecto de investigación** Busca sugerencias en el manual en línea.

Esconderse del peligro

Aprende en línea. ▶

Explora cómo algunos animales tienen partes que les permiten esconderse para estar a salvo.

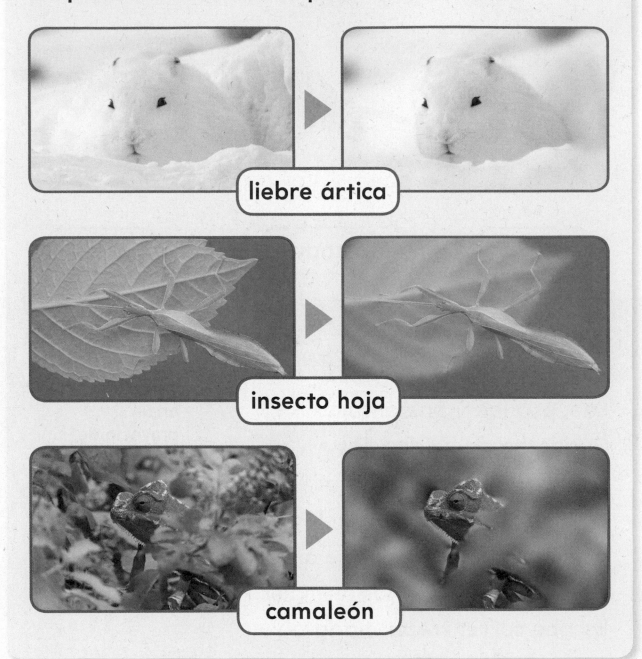

liebre ártica

insecto hoja

camaleón

Estos animales son difíciles de ver en su medio ambiente. Así, se mantienen a salvo.

Encierra en un círculo los animales cuyo color les ayuda a esconderse en este bosque.

sapo

ardilla

tucán

Aplica lo que sabes

¿Qué ropa usarías para esconderte en un juego de escondidas? Usa una idea que se te haya ocurrido al observar un animal. Diseña algo para vestir. Presenta la idea.

Enfrentar el peligro

Aprende en línea. ▶

 Una tortuga marina tiene un caparazón duro que protege su cuerpo.

 Un puercoespín tiene púas filosas que protegen su cuerpo.

 Un águila tiene garras filosas que le permiten protegerse.

✏️ Traza una línea por debajo del nombre de la parte del cuerpo que protege a cada animal.

Algunos animales tienen partes del cuerpo que los protegen.

✋ Aplica lo que sabes

Cuaderno de evidencias • Diseña una caja para guardar cosas con seguridad. Usa ideas que se te ocurran al observar animales. Agrega partes a tu caja. Presenta evidencias para explicar cómo las partes la hacen más segura.

💡 **Estructura y función**
Busca sugerencias en el manual en línea.

Protegerse del clima

Aprende en línea.

Un zorro rojo tiene
un pelaje grueso
en invierno que lo
mantiene abrigado.

Una morsa tiene
una gruesa capa de
adiposidad, o grasa, que
la mantiene abrigada.

Una liebre tiene orejas
grandes que despiden
el calor para mantener
a la liebre fresca.

Una urraca azul ahueca
sus plumas para
mantenerse abrigada.

Algunos animales tienen partes del cuerpo
que los protegen del clima.

Lección 2 • Ingeniería • ¿Qué partes del cuerpo protegen a los animales?

165

✏️ Encierra en un círculo la parte del cuerpo que mantiene fresco al zorro.

✋ Aplica lo que sabes

Cuaderno de evidencias • Pon una mano en una bolsa vacía. Pon la otra mano en una bolsa con manteca vegetal. Pon las manos en agua fría. Describe qué mano se mantiene más caliente. ¿Por qué la grasa abriga a los animales? Presenta evidencias para explicar cómo lo sabes.

Observa animales

Aprende en línea. ▶

> Los ingenieros observaron las escamas del tiburón y se les ocurrió una idea para crear una tela de traje de baño.

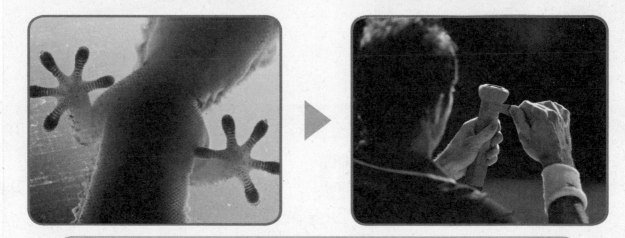

> Las patas de un geco se pegan a las cosas. Los ingenieros observaron las patas del geco y se les ocurrió una idea para crear una cinta adhesiva antideslizante.

A los ingenieros se les pueden ocurrir ideas al observar animales.

Lección 2 • Ingeniería • ¿Qué partes del cuerpo protegen a los animales?

✏️➤ Traza una línea que una cada objeto con su modelo animal.

La influencia de la ingeniería, la tecnología y las ciencias Busca sugerencias en el manual en línea.

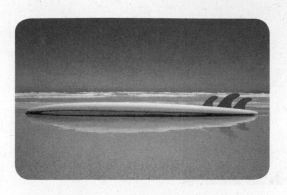

Aplica lo que sabes

Práctica matemática • Diseña un avión de papel. Observa imágenes de aves para obtener ideas. Construye y pon a prueba el avión. Mide cuán lejos vuela. Construye un modelo nuevo. Mide cuán lejos vuela. Compara los resultados.

Usa unidades no estándar para medir longitudes Busca sugerencias en el manual en línea.

Nombre _____

Actividad práctica
Ingeniería • Diseña un zapato

Materiales
- hielo
- tijeras
- materiales para manualidades

Pregunta

Pon a prueba y anota los resultados Aprende en línea. ▶

Paso 1

Busca un problema: ¿Cómo se te pueden ocurrir ideas para resolver el problema al observar animales?

Paso 2

Planea dos soluciones.

Lección 2 • Ingeniería • ¿Qué partes del cuerpo protegen a los animales?

169

Paso 3

Construye las soluciones. Sigue el plan.

Paso 4

Pon a prueba las soluciones. ¿Cómo las puedes mejorar?
Comparte las soluciones con otras personas.

_____

_____

_____

Haz una afirmación en la que respondas la pregunta.

_____

_____

_____

¿Qué evidencias tienes?

_____

_____

_____

Un paso más

Profesiones de las ciencias y la ingeniería • Bioingeniera

Aprende más en línea.

Nuevas partes del cuerpo para animales

Una bioingeniera es un tipo de ingeniera. Los bioingenieros diseñan cosas para ayudar a las personas. También buscan formas de ayudar al medio ambiente.

Aprende en línea. ▶

Los bioingenieros pueden trabajar en laboratorios. Crean medicamentos nuevos para ayudar a las personas que están enfermas.

Lección 2 • Ingeniería • ¿Qué partes del cuerpo protegen a los animales?

171

Los bioingenieros encuentran nuevas formas de limpiar el aire y el agua. También ayudan a los agricultores a cultivar alimentos de formas más seguras.

¿Qué hace un bioingeniero? Elige todas las respuestas correctas.

Ⓐ ayuda a limpiar el aire y el agua

Ⓑ estudia las rocas

Ⓒ crea medicamentos nuevos

Revisión de la lección

Aprende en línea. ▶

¿Puedes resolverlo?

✏ ¿Qué ideas para proteger algo obtienes al observar un erizo?

Asegúrate de

• explicar cómo una parte del cuerpo del erizo lo protege.

• describir cómo se te ocurrió la idea al observar al erizo.

_____

_____

_____

_____

Autorrevisión

1. ¿Qué partes del cuerpo mantienen a los animales abrigados? Elige todas las respuestas correctas.

    Ⓐ plumas

    Ⓑ adiposidad

    Ⓒ garras

2. ¿Qué parte del cuerpo protege a la tortuga marina de otros animales?

    Ⓐ patas

    Ⓑ caparazón

    Ⓒ pelaje

3. ¿Qué animales usarías como modelos para crear algo que te ayude a nadar más rápido? Encierra en un círculo los animales.

4. ¿Qué animal se usó como modelo para cada objeto?
Empareja el objeto con el animal.

- -

5. ¿Qué material usarías que actúe como la adiposidad?
Elige la respuesta correcta.

Ⓐ goma

Ⓑ madera

Ⓒ plástico

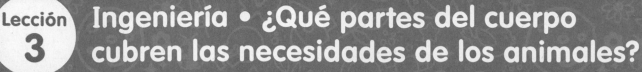

Lección 3

Ingeniería • ¿Qué partes del cuerpo cubren las necesidades de los animales?

Los animales tienen partes del cuerpo que les permiten obtener alimento.

Al final de esta lección,

podré explicar cómo las partes del cuerpo les permiten a los animales cubrir sus necesidades. Podré explicar cómo observar animales puede sugerirnos ideas para resolver problemas.

Satisfacer las necesidades

La jirafa tiene un cuello largo y una larga lengua pegajosa. Usa ambas partes para alcanzar las hojas.

Aprende en línea. ▶

¿Lo puedes resolver?

✏️ ¿Cómo puedes obtener una idea a partir de la observación de la jirafa para crear un instrumento que llegue a lugares altos?

_____

_____

_____

Partes para encontrar alimento

¿Cómo usan los animales los ojos y las orejas para encontrar comida y mantenerse a salvo?

Aprende en línea.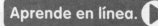

Un tigre caza habitualmente de noche. ¡Tiene ojos que pueden ver en la oscuridad!

¡Una libélula tiene ojos que pueden ver en todas las direcciones! Esto le ayuda a encontrar insectos y a mantenerse a salvo de las aves.

Subraya dos formas en que los animales usan los ojos para encontrar comida.

El zorro caza para conseguir alimento. Tiene orejas que miran hacia adelante para escuchar a los animales.

El conejo usa el hocico para encontrar plantas. Tiene orejas que giran. Escucha a los animales que podrían querer comerlo.

El murciélago usa las orejas para encontrar alimento. El murciélago emite sonidos. Escucha los sonidos que vuelven hacia él.

✏️ Encierra en un círculo los animales que comen otros animales. Dibuja un cuadrado alrededor de los animales que comen plantas.

Aplica lo que sabes

Cuaderno de evidencias •
Compara tus orejas con las orejas de los animales.

¿Cómo puedes obtener una idea a partir de la observación de las orejas de los animales para crear algo que te ayude a escuchar mejor? Presenta evidencias para explicar. Escribe tu respuesta.

💡 **Estructura y función** Busca sugerencias en el manual en línea.

Partes del cuerpo para comer alimentos

Aprende en línea. ▶

El oso tiene garras afiladas para atrapar peces. Tiene dientes afilados para desgarrar el alimento.

El venado tiene dientes delanteros para arrancar plantas. Tiene dientes planos para masticar las plantas.

La rana tiene una lengua pegajosa para atrapar insectos. Jala los insectos hacia su boca y se los come.

Los animales usan partes del cuerpo para agarrar y comer alimentos.

¿Qué partes del cuerpo pueden usar los animales para agarrar alimentos? Elige todas las respuestas correctas.

Ⓐ garras

Ⓑ dientes

Ⓒ lengua

Aplica lo que sabes

Práctica matemática • Trabaja con la clase. Aprende sobre los dientes humanos. Averigua cuántos dientes planos tienen las personas. Averigua cuántos dientes afilados tienen las personas. Crea una tabla de conteo. Haz y responde preguntas sobre los datos de la tabla.

Organizar, representar e interpretar datos
Busca sugerencias en el manual en línea.

Partes del cuerpo para respirar y beber agua

Aprende en línea. ▶

El pez tiene branquias.Las **branquias** son partes del cuerpo que toman el oxígeno del agua. Muchos animales que habitan en el agua tienen branquias.

La cebra tiene pulmones. Los **pulmones** son partes del cuerpo que toman el oxígeno del aire. La mayoría de los animales terrestres tienen pulmones.

Los animales necesitan tomar oxígeno. Tienen distintas partes del cuerpo que los ayudan a tomar oxígeno.

El elefante usa la trompa para beber agua. Luego, lleva el agua hacia la boca.

El pez vive en el agua. Su cuerpo también necesita agua. El pez toma agua a través de su piel y sus branquias.

El caballo usa la boca para beber agua. Bebe como lo haces tú cuando bebes agua de una fuente.

Los animales necesitan agua para vivir. Tienen distintas partes del cuerpo para beber agua.

Estructura y función Busca sugerencias en el manual en línea.

Escribe **pulmones** o **branquias** para explicar lo que cada animal usa para tomar oxígeno.

_____ _____ _____

Aplica lo que sabes

Lee, escribe y preséntalo • Con un compañero, busca en algún libro un animal que tenga pulmones y un animal que tenga branquias. Presenta evidencias para explicar cómo lo sabes.

Participar en un proyecto de investigación Busca sugerencias en el manual en línea.

Los animales como modelos

Aprende en línea.

Observa las imágenes. ¿Cómo la observación de los animales les sugirió a los ingenieros ideas para resolver problemas?

Japón tenía un tren rápido con un problema. Hacía un ruido fuerte al atravesar los túneles. Un ingeniero vio un ave que podía zambullirse sin hacer ni un ruido. Le dio al tren un frente puntiagudo igual al pico del ave. Ahora, el tren atraviesa los túneles sin hacer ningún ruido.

Los ingenieros crearon una máquina que envía sonidos al agua. Los sonidos rebotan contra los peces para ayudar a los botes de pesca a encontrarlos. Se les ocurrió la idea al observar los sonidos que hacen los murciélagos.

Los ingenieros tuvieron ideas para crear grandes redes al observar las telas de araña. Las redes recogen gotas de agua que se encuentran en el aire. Las gotas van hacia los caños.

Lección 3 • Ingeniería • ¿Qué partes del cuerpo cubren las necesidades de los animales? **187**

✏️➤ Traza una línea desde el animal que se usó de modelo hasta cada objeto.

✋ **Aplica lo que sabes**

Cuaderno de evidencias • Observa los instrumentos del salón de clases. ¿Qué animal podría haber sido el modelo para cada instrumento? Comenta tus ideas con tus compañeros. Escribe tus respuestas. Presenta evidencias para explicar cómo el animal pudo haber sido el modelo para cada instrumento.

Actividad práctica
Ingeniería • Observa los animales para idear diseños

> **Materiales**
> • libros de animales • materiales para manualidades

Pregunta

_____

_____

Pon a prueba y anota los resultados   ▶ Aprende en línea.

Paso ①

Busca en libros de animales. Observa cómo los animales usan las partes de su cuerpo para recoger alimentos.

Paso ②

Planea y construye dos soluciones para recoger alimentos.

Paso

Pon a prueba tu instrumento. Compáralo con los instrumentos de tus compañeros. ¿Por qué observar los animales te dio una idea para resolver el problema?

Haz una afirmación en la que respondas la pregunta.

_____

_____

_____

_____

¿Qué evidencias tienes?

_____

_____

_____

© Houghton Mifflin Harcourt • Image Credits:

Un paso más
Los animales pueden usar instrumentos

Aprende más en línea.

• Escuchar igual que un murciélago

Aprende en línea. ▶

Las personas usan instrumentos para resolver problemas. ¿Qué instrumentos pueden usar los animales?

Los delfines usan una esponja oceánica para quitar la arena al buscar alimento. La esponja protege el hocico del delfín de las rocas.

La nutria de mar flota con una piedra en su pecho. Golpea las conchas de las almejas con la piedra para abrirlas. Luego, se come el interior de la almeja.

El elefante usa una rama de árbol para rascarse el lomo.

Los chimpancés a veces entran en el agua, pero no son buenos nadadores.

¿Cómo crees que este chimpancé está usando el palo para cruzar el río? Elige la respuesta correcta.

Ⓐ para poder nadar

Ⓑ para poder remar

Ⓒ para ver qué tan profunda es el agua

Nombre _____

Aprende en línea. ▶

¿Puedes resolverlo?

🖍️ ¿Cómo puedes obtener una idea a partir de la observación de la jirafa para crear un instrumento que llegue a lugares altos? Asegúrate de

• explicar cómo la jirafa usa las partes de su cuerpo para alcanzar alimento en lugares altos.

• explicar cómo observar a la jirafa te da una idea para crear un instrumento que pueda tomar algo en un lugar alto.

_____

_____

Autorrevisión

1. ¿Qué partes del cuerpo pueden usar los animales para encontrar alimento? Elige todas las respuestas correctas.

   Ⓐ ojos

   Ⓑ oídos

   Ⓒ branquias

2. Quieres diseñar un instrumento pegajoso para tomar objetos. ¿Qué parte de un animal tomarías como modelo?

   Ⓐ las garras de una marmota

   Ⓑ los dientes de un oso

   Ⓒ la lengua de una rana

3. ¿Cuál de estos animales tomarías como modelo para construir una herramienta de excavación? Encierra en un círculo la respuestas correcta.

4. ¿Qué parte del cuerpo usa la mayoría de los animales terrestres para tomar oxígeno?

   Ⓐ branquias

   Ⓑ pulmones

   Ⓒ orejas

5. Un ingeniero tuvo una idea para un nuevo tipo de tachuela. La parte puntiaguda de la tachuela solo sale cuando se está usando. ¿Qué parte de un gato crees que observó el ingeniero para obtener la idea?

   Ⓐ las uñas del gato que salen hacia afuera cuando el gato se estira

   Ⓑ los ojos del gato que pueden ver con poca luz

   Ⓒ la lengua del gato que puede quitar la tierra del pelaje

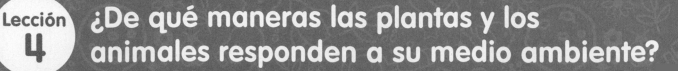

¿De qué maneras las plantas y los animales responden a su medio ambiente?

Algunos animales cambian de lugar para obtener lo que necesitan.

Al final de esta lección, podré explicar cómo responden las plantas y los animales a los lugares donde viven.

Las plantas cambian para poder crecer

¿Has visto alguna vez árboles así? ¡Estos árboles crecen de un modo poco común!

Aprende en línea.

¿Puedes explicarlo?

¿Por qué estos árboles crecen de un modo tan extraño?

_____

_____

_____

Lugares donde viven las plantas

Aprende en línea. ▶

Un bosque lluvioso tiene árboles altos. Algunas plantas crecen en los árboles para alcanzar la luz solar.

En un desierto llueve muy poco. Muchas plantas desérticas tienen tallos y hojas gruesas para retener el agua.

Las plantas tienen adaptaciones para sobrevivir en diferentes lugares. Una **adaptación** es algo que le permite a un ser vivo sobrevivir en su medio ambiente. El **medio ambiente** son todos los seres vivos y los componentes no vivos que hay en un lugar.

✋ Aplica lo que sabes

Práctica matemática • Busca una planta. Usa cubos interconectables para medir la altura de su tallo. Explica cómo la altura podría ayudar a la planta a sobrevivir en su medio ambiente.

💡 **Usar unidades no estándar para medir longitudes** Busca sugerencias en el manual en línea.

Actividad práctica
Cambia cómo crece una planta

Materiales
- una caja de zapatos
- una planta de frijoles
- tijeras
- un vaso de agua

Pregunta

_____

Pon a prueba y anota los resultados   Aprende en línea. ▶

Paso 1

Coloca la caja de zapatos cerca de una ventana. Coloca la planta dentro de la caja. Luego, cierra la caja.

Paso 2

Observa la planta durante dos semanas. Riega la tierra cuando se encuentre seca.

Paso 3

Anota tus observaciones. ¿Por qué tu planta creció de la manera en que lo hizo? Compara la manera en que creció tu planta con la manera en que creció la planta de otro grupo.

_____

_____

_____

Haz una afirmación en la que respondas la pregunta.

_____

_____

_____

¿Qué evidencias tienes?

_____

_____

_____

Las plantas y las estaciones del año

Aprende en línea. ▶

¿Cómo sobreviven las plantas en diferentes estaciones del año?

invierno   primavera   verano   otoño

Algunos árboles pierden sus hojas en invierno porque hay menos luz solar. En primavera y verano, más luz solar y más agua ayudan a que crezcan nuevas hojas. En otoño, las hojas cambian de color y empiezan a caer.

✏️ Subraya lo que hace que algunos árboles pierdan hojas en invierno.

✋ Aplica lo que sabes

Cuaderno de evidencias • ¿Qué podría pasar si una planta no recibiera luz solar? Presenta evidencias para justificar tus ideas. Dibuja y escribe una forma de poner a prueba tus ideas.

💡 **Causa y efecto** Busca sugerencias en el manual en línea.

Los animales usan los sentidos

Aprende en línea. ▶

El perrito de la pradera usa los ojos y el hocico para percibir las cosas que están alrededor de él. Alertará a otros si observa u olfatea que hay peligro.

El tiburón blanco tiene ojos que ven muy bien. Usa los oídos para sentir los movimientos que se producen en el agua.

El ratón no ve bien de noche. Usa el hocico para olfatear los alimentos. Usa los bigotes para sentir en la oscuridad.

Los topos no ven bien. ¿Qué partes del cuerpo piensas que usa para percibir las cosas y buscar comida? Elige todas las respuestas correctas.

Ⓐ hocico

Ⓑ ojos

Ⓒ bigotes

![hand icon] **Aplica lo que sabes**

Cuaderno de evidencias • Trabaja en grupo. Conversen sobre cómo usan sus ojos, oídos, nariz y manos para percibir los elementos que los rodean. Presenta evidencias para explicar cómo lo sabes. Presenten ideas.

Animales en movimiento

Aprende en línea.

¿Por qué algunos animales se mudan hacia otros lugares cuando el tiempo cambia?

Todos los años, los ñus recorren un largo camino para encontrar alimento. Se dirigen hacia donde llueve y crecen plantas.

Las ballenas grises viven en aguas frías. Todos los inviernos, nadan hacia aguas más cálidas para tener sus crías.

En invierno, los pingüinos emperadores se alejan del océano para tener sus crías. En verano, sus crías son lo suficientemente grandes para nadar y cazar.

¿Por qué algunos animales se mudan hacia otros lugares cuando el tiempo cambia? Elige todas las respuestas correctas.

(A) para encontrar alimento

(B) para huir del peligro

(C) para tener crías

Aplica lo que sabes

Lee, escribe y preséntalo • Trabaja con un compañero. Investiga sobre un animal de tu zona que se muda cuando cambia el tiempo. Haz un dibujo del animal. Explica por qué el animal se muda. Presenta evidencias para explicar cómo lo sabes.

Participar en un proyecto de investigación Busca sugerencias en el manual en línea.

Los animales y las estaciones del año

Aprende en línea. ▶

¿Qué adaptaciones ayudan a los animales a vivir en el mismo lugar todo el año?

Para prepararse para el invierno, la marmota come mucho. Luego, cava una madriguera bajo la tierra y duerme durante todo el invierno.

El zorro rojo tiene abundante pelaje y come más para prepararse para el invierno.

✏️ Subraya las palabras que describen cómo la marmota se prepara para el invierno.

✋ Aplica lo que sabes

Cuaderno de evidencias • Aprende acerca de un animal de tu zona. ¿Cómo cambia con las estaciones del año? Presenta evidencias para explicar cómo lo sabes.

Un paso más

Profesiones de las ciencias y la ingeniería • Guardabosques

Aprende más en línea.

Insectos en invierno

Un guardabosques trabaja para proteger los lugares donde viven las plantas y los animales.

Aprende en línea. ▶

Un guardabosques previene los incendios forestales. Un incendio puede destruir rápidamente las plantas y los animales. También puede dañar a las personas que visitan el bosque.

Un guardabosques les explica a las personas acerca de las plantas y los animales que viven en el bosque. El guardabosques habla sobre cómo proteger las plantas y los animales que viven en un bosque.

Observa la foto del guardabosques.

¿Qué está haciendo este guardabosques? Elige la respuesta correcta.

Ⓐ previene incendios

Ⓑ ayuda a un animal

Ⓒ les enseña a las personas

Revisión de la lección

¿Puedes explicarlo?

✏️ ¿Por qué los árboles crecen de forma extraña?

Asegúrate de

• explicar lo que necesitan las plantas para crecer y sobrevivir.

• explicar cómo estos árboles están creciendo para obtener los elementos que necesitan en su medio ambiente.

_____

_____

_____

_____

Autorrevisión

1. ¿Por qué algunas plantas crecen en los árboles?

    Ⓐ para conseguir agua

    Ⓑ para absorber aire

    Ⓒ para conseguir luz solar

2. ¿Qué reciben los árboles en la primavera que les hace crecer hojas nuevas?

    Ⓐ agua y viento

    Ⓑ agua y luz solar

    Ⓒ agua y nieve

3. ¿Cómo usan los animales los ojos, los oídos y el hocico para percibir los elementos en su medio ambiente? Elige todas las respuestas correctas.

    Ⓐ para percibir el peligro

    Ⓑ para encontrar alimento

    Ⓒ para comer alimentos

4. Héctor piensa que una planta crecerá hacia la luz. ¿Qué prueba debería hacer para comprobar que una planta crece hacia la luz?

Ⓐ Debería hacer crecer una planta en una caja sin luz.

Ⓑ Debería hacer crecer una planta en una caja que permita entrar algo de luz.

Ⓒ Debería hacer crecer una planta en una caja sin agua.

5. ¿Cómo se prepara para el invierno cada animal? Empareja cada animal con las palabras que describen cómo se prepara para el invierno.

le crece un espeso pelaje

cava una madriguera bajo la tierra

Unidad 4: Tarea del rendimiento
Ingeniería • Diseña una casa

Materiales

- libros sobre plantas acuáticas
- recipiente para agua
- materiales para manualidades

PASOS

Paso 1

Define un problema Quieres diseñar una casa que se pueda construir cerca o sobre el agua.

Paso 2

Planea y construye Observa las plantas que crecen sobre o cerca del agua. Toma ideas de observar las plantas para planear al menos dos soluciones. Construye las soluciones.

Paso 3

Pon a prueba y mejora Pon a prueba tus soluciones. ¿Cómo puedes mejorar tus soluciones?

© Houghton Mifflin Harcourt

Paso **4**

Modifica el diseño Haz cambios en los materiales o en cómo los has armado. Pon a prueba tus nuevas soluciones.

Paso **5**

Comunica Presenta las soluciones. Compara tus soluciones con las de otros compañeros. Presenta evidencias para explicar cómo tu solución resuelve el problema.

✔ **Comprueba**

_____ Usé ideas tomadas de observar las plantas para planear y construir mi casa.

_____ Puse a prueba mi casa metiéndola en el agua.

_____ Modifiqué el diseño de mi casa para hacer que funcione mejor.

_____ Le presenté mi casa a otras personas.

Unidad 4: Repaso

Nombre _____

1. Observa las partes de la planta. ¿Cómo ayudan a la planta? Empareja las partes con las palabras.

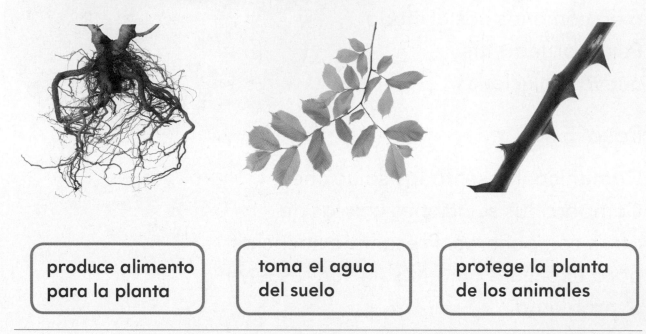

produce alimento para la planta	toma el agua del suelo	protege la planta de los animales

2. Alonso quiere diseñar una caja resistente al agua que pueda flotar. ¿Qué planta sería mejor estudiar para obtener ideas?

Ⓐ una planta con semillas que lleva el viento

Ⓑ una planta con semillas que lleva el agua

Ⓒ una planta con semillas que se pegan al pelaje de los animales

3. ¿Qué parte del cuerpo protege al águila de otros animales?

Ⓐ cuernos

Ⓑ caparazón

Ⓒ garras

4. Observa la imagen. ¿Qué partes del cuerpo protegen a este buey almizclero? Elige todas las respuestas correctas.

Ⓐ pelaje grueso

Ⓑ caparazón duro

Ⓒ cuernos grandes

5. Observa la imagen. ¿Qué instrumento imita al pico de un ave?

Ⓐ   Ⓑ   Ⓒ

6. ¿Qué partes del cuerpo utilizan los animales para tomar oxígeno? Elige todas las respuestas correctas.

Ⓐ pulmones

Ⓑ branquias

Ⓒ aletas

7. Unos ingenieros observaron cómo los murciélagos usan el sonido para encontrar alimento. ¿Qué instrumento pudieron inventar con esta observación?

Ⓐ un tren rápido que es muy silencioso

Ⓑ señales de tránsito que brillan en la oscuridad

Ⓒ una máquina para encontrar peces

8. ¿Por qué a los árboles les crecen hojas nuevas en primavera?

Elige todas las respuestas correctas.

Ⓐ Hay más luz solar.

Ⓑ Hay menos luz solar.

Ⓒ Hay más agua.

9. ¿Qué parte del cuerpo ayuda a este halcón a encontrar alimento?

Ⓐ los bigotes

Ⓑ el pico

Ⓒ los ojos

10. ¿Por qué la ballena gris nada hacia aguas más cálidas en invierno?

Ⓐ para encontrar peces para comer

Ⓑ para tener sus crías

Ⓒ para escapar del peligro

Unidad 5
Los seres vivos y sus descendientes

© Houghton Mifflin Harcourt

Proyecto de la unidad •
Comparar animales

¿Cómo se diferencian los animales salvajes de los animales domésticos en el cuidado de sus crías? Investiga para saberlo.

Unidad 5: Vistazo

Vocabulario de la unidad

progenitor planta o animal que tiene hijos que se le parecen (pág. 222)

descendientes los hijos de una planta o un animal (pág. 222)

rasgo algo que los seres vivos obtienen de sus progenitores (pág. 231)

conducta manera en que actúa un animal (pág. 256)

Juego de vocabulario • Adivina la palabra

Materiales
- un set de tarjetas de palabras

Cómo se juega
1. Prepara tarjetas de palabras con un compañero.
2. Coloca las tarjetas boca abajo en un montón.
3. Un jugador toma la tarjeta de arriba, pero no la muestra.
4. El otro jugador hace preguntas hasta que adivina cuál es la palabra.
5. Luego, ese jugador toma una tarjeta.

¿En qué se parecen las plantas a sus progenitores?

En este campo hay plantas de la misma clase.

Al final de esta lección,

podré explicar en qué se parecen y en qué se diferencian las plantas de una misma clase.

Plantas de la misma clase

¿En qué se parecen las plantas a sus progenitores?

¿En qué se diferencian de sus progenitores?

Aprende en línea.

plantas jóvenes

planta progenitora

¿Puedes explicarlo?

¿Cómo puedes saber si dos plantas son de la misma clase?

_____

_____

_____

Lección 1 • ¿En qué se parecen las plantas a sus progenitores?

221

Jóvenes y viejos

Aprende en línea. ▶

árboles jóvenes

árboles progenitores

Los cerezos jóvenes no tienen flores todavía, pero les crecerán.

Un **progenitor** es una planta o un animal que tiene hijos que se le parecen, pero que no son exactamente iguales a ellos. Los progenitores producen las plantas jóvenes. Las plantas jóvenes pueden verse distintas de su progenitores, pero al crecer se parecerán a ellos. Los **descendientes** son los hijos de una planta o un animal.

222

Encierra en un círculo las partes de los árboles progenitores que son distintas de las partes de los árboles jóvenes.

árbol joven   árbol progenitor

✋ Aplica lo que sabes

Cuaderno de evidencias •
Investiga. Dibuja imágenes para demostrar cómo una planta joven podría verse distinta de su progenitor. Presenta evidencias para explicar cómo lo sabes. Luego, busca patrones en las imágenes.

Patrones
Busca sugerencias en el manual en línea.

Lección 1 • ¿En qué se parecen las plantas a sus progenitores?

223

Compara las partes

¿En qué se parecen y en qué se diferencian las plantas jóvenes de los progenitores? Observa las imágenes con atención.

Aprende en línea. ▶

planta joven

planta progenitora

La mayoría de las plantas jóvenes tienen partes que se ven como las partes de sus progenitores. Las hojas pueden tener la misma forma, pero las plantas jóvenes pueden tener menos hojas u hojas más pequeñas.

© Houghton Mifflin Harcourt • Image Credits: (l) ©VStock/Getty Images; (r) ©Mim Friday/Alamy; (r) ©Mim Friday/Alamy

✏️ Esta hoja es de un árbol progenitor. Encierra en un círculo la imagen que muestra a su descendiente.

✋ Aplica lo que sabes

Lee, escribe y preséntalo •

Trabajen en grupos pequeños. Elijan una planta adulta. Investiguen cómo se ve la planta cuando es joven. Haz un dibujo para comparar la planta joven con la planta adulta.

💡 **Participar en un proyecto de investigación**
Busca sugerencias en el manual en línea.

Lección 1 • ¿En qué se parecen las plantas a sus progenitores?

225

Compara las plantas adultas

¿En qué se parecen y en qué se diferencian las plantas adultas de una misma clase?

Aprende en línea. ▶

Estos tulipanes tienen distintas alturas.

Las flores de estos tulipanes son de distintos colores.

Las hojas de estos tulipanes tienen la misma forma, pero no son del mismo tamaño.

✏️ Esta planta es un lirio. Encierra en un círculo la imagen que también muestra un lirio.

🖐 **Aplica lo que sabes**

Cuaderno de evidencias • Trabaja en grupo. Ordena las imágenes de las plantas. ¿Cuáles son de la misma clase? Usa los patrones que encuentres como ayuda. Presenta evidencias para explicar cómo las has ordenado. Anota la respuesta en tu Cuaderno de evidencias.

💡 **Patrones**
Busca sugerencias en el manual en línea.

Práctica matemática • Trabaja en grupo. Busquen tres plantas. Usen bloques interconectables para hallar la altura de cada planta. Luego comparen las alturas de las plantas. Ordénenlas de la más baja a la más alta.

Comparar y ordenar longitudes. Busca sugerencias en el manual en línea.

Haz un dibujo en el que muestres cómo las ordenaron. Escribe lo que hicieron.

___

___

___

___

Actividad práctica
Cultiva zanahorias

Materiales
- dos puntas de zanahoria
- un tazón pequeño con agua

Pregunta

_____

_____

Pon a prueba y anota los resultados   Aprende en línea. ▶

Paso 1

Coloca el tazón con
zanahorias en un
lugar soleado.

Paso 2

Observa las zanahorias cada día durante diez días.
Anota tus observaciones.

Lección 1 • ¿En qué se parecen las plantas a sus progenitores?

229

Paso 3

Compara las zanahorias. Busca patrones en sus partes y en su tamaño.

Paso 4

Explica en qué se parecen y en qué se diferencian las plantas de una misma clase. Usa los patrones que has encontrado como evidencias.

_____

_____

_____

Haz una afirmación en la que respondas la pregunta.

_____

_____

_____

¿Qué evidencias tienes?

_____

_____

_____

Un paso más

Personajes de las ciencias y la ingeniería • Gregor Mendel

Aprende más en línea.

Observa cómo crece una calabaza

Aprende en línea. ▶

Gregor Mendel fue un científico. Hizo experimentos con muchas plantas de guisantes. Cultivó descendientes de plantas progenitoras con diferentes rasgos. Un **rasgo** es algo que los seres vivos obtienen de sus progenitores.

Semilla		Flor
Forma	Color	Color
Redonda	Amarillo	Blanco
Arrugada	Verde	Rosado

Mendel observó rasgos como la forma y el color de la semilla y el color de la flor. Descubrió que las plantas jóvenes tenían rasgos de sus dos progenitores.

Mendel observó que las plantas de guisantes adultas pasan sus rasgos _____.

Ⓐ al suelo

Ⓑ a las raíces

Ⓒ a los descendientes

Revisión de la lección

plantas jóvenes

Aprende en línea. ▶

planta progenitora

¿Puedes explicarlo?

✏️ ¿Cómo puedes saber si dos plantas son de la misma clase? Asegúrate de

- explicar en qué se parecen y en qué se diferencian las plantas de una misma clase.
- explicar cómo puedes buscar patrones para saber si dos plantas son de la misma clase.

_____

_____

_____

_____

Autorrevisión

1. ¿Cómo se ven la mayoría de las plantas jóvenes y sus progenitores?

   Ⓐ exactamente iguales

   Ⓑ similares

   Ⓒ muy diferentes

2. Observa esta planta joven y su progenitor. ¿Qué patrón puedes observar? Elige todas las respuestas correctas.

   Ⓐ Sus hojas tienen la misma forma.

   Ⓑ Sus hojas son moradas y negras.

   Ⓒ La planta joven tiene más hojas que su progenitor.

planta joven

progenitor

3. Cata ve una planta joven en un parque. Quiere encontrar una planta adulta que sea de la misma clase. ¿Qué debería buscar Cata?

   Ⓐ una planta del mismo tamaño

   Ⓑ una planta con el mismo número de hojas

   Ⓒ una planta con hojas parecidas a las hojas de la planta joven

4. ¿Cuál es el progenitor de cada planta joven? Traza una
   línea que una al descendiente con su progenitor.

5. ¿Qué afirmaciones sobre los tulipanes son verdaderas?
   Elige todas las respuestas correctas.

   Ⓐ Todos los tulipanes son rojos.

   Ⓑ Los tulipanes pueden ser de distintos colores.

   Ⓒ Algunos tulipanes son más altos que otros.

¿En qué se parecen los animales a sus progenitores?

El koala joven se parece a su progenitor.

Al final de esta lección,

podré explicar en qué se parecen y en qué se diferencian los animales de un mismo tipo.

Animales relacionados

Observa al cisne adulto y a su cría. ¿Qué puedes decir sobre las aves?

Aprende en línea. ▶

¿Puedes resolverlo?

✏️ Ves un animal joven. Quieres encontrar un animal adulto que sea del mismo tipo. ¿Qué deberías buscar?

_____

_____

_____

Lección 2 • ¿En qué se parecen los animales a sus progenitores?

237

Los animales crecen

recién nacido

Aprende en línea.

3 semanas de vida

3 meses de vida

1 año de vida

Los progenitores tienen hijos que se les parecen.
Los animales jóvenes son más pequeños que sus
progenitores, pero al crecer se parecerán a ellos.
Observa los cambios del panda hasta convertirse
en adulto.

© Houghton Mifflin Harcourt • Image Credits: (tl) ©STR/Stringer/Getty Images; (tr) © China Press Service/Photo Researchers, Inc.; (bl) ©Barcroft/Getty Images; (br) ©John Shaw/Science Source

adulto

¿Qué tienen en común un panda de tres meses de vida con un panda adulto? Elige todas las respuestas correctas.

(A) Son del mismo tamaño.

(B) Tienen el mismo color de pelaje.

(C) Tienen la misma forma.

Aplica lo que sabes

Cuaderno de evidencias • Dibuja imágenes que muestren a un animal cuando es joven y cuando es adulto. Conversa con un compañero acerca de tu animal. ¿Cómo crece y cambia? Presenta evidencias para explicar cómo lo sabes. Busca patrones en las imágenes.

Patrones Busca sugerencias en el manual en línea.

Lección 2 • ¿En qué se parecen los animales a sus progenitores?

239

Compara las partes

Aprende en línea. ▶

El elefante progenitor tiene orejas grandes y una trompa larga. El elefante joven también tiene orejas grandes y una trompa larga.

El rinoceronte joven se parece mucho a su progenitor, pero no tiene cuerno. Le crecerá uno como a su progenitor.

Piensa en los animales jóvenes. ¿Cómo puedes saber qué tipo de animales son? Una forma es observar las partes del cuerpo. La mayoría de los animales jóvenes tienen partes parecidas a las de sus progenitores.

Nombre _____

Actividad práctica
Observa las artemias salinas

> **Materiales**
> • recipiente con agua • huevos de artemias salinas • lupa

Pregunta

_____

_____

Pon a prueba y anota los resultados Aprende en línea.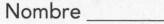

Paso 1

Agrega las artemias salinas al agua.

Paso 2

Observa las artemias salinas cada dos días por dos semanas. Anota tus observaciones.

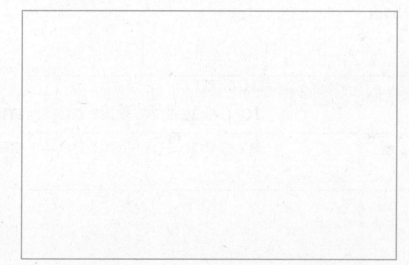

© Houghton Mifflin Harcourt

Lección 2 • ¿En qué se parecen los animales a sus progenitores?

241

Paso 3

Compara el tamaño, la forma y las partes de las artemias salinas. ¿En qué se parecen las artemias salinas? ¿En qué se diferencian? Usa los patrones que has encontrado como evidencias.

_____

_____

_____

Haz una afirmación en la que respondas la pregunta.

_____

_____

_____

¿Qué evidencias tienes?

_____

_____

_____

Este es un oso hormiguero joven. Encierra en un círculo la imagen debajo que muestra un oso hormiguero adulto.

Aplica lo que sabes

Cuaderno de evidencias •

Observa los animales. ¿Qué partes del cuerpo tiene cada animal? ¿Cómo puedes saber si el animal es joven o adulto? Presenta evidencias para explicar cómo lo sabes. Anota la respuesta.

Construir explicaciones y diseñar soluciones
Busca sugerencias en el manual en línea.

Lección 2 • ¿En qué se parecen los animales a sus progenitores?

243

Compara las pieles animales

Algunas pieles tienen escamas, pelos o plumas. ¿En qué se parecen y en qué se diferencian las pieles de los animales jóvenes y las de sus progenitores?

Aprende en línea.

mapache joven

mapache adulto

Los mapaches tienen pelaje oscuro alrededor de sus ojos. Los jóvenes y los adultos tienen el mismo color de pelaje.

pollito

gallina

El pollito tiene plumas amarillas y mullidas. Le crecerán nuevas plumas y se parecerá más a su progenitor.

© Houghton Mifflin Harcourt • Image Credits: (tr) ©Tim Zurowski/Getty Images; (tl) ©Ji-fang Zhang/Getty Images; (bl) ©Production Perig/Shutterstock; (br) ©David & Micha Sheldon/Getty Images

Observa los animales. Luego, traza una línea para unir cada progenitor con su cría.

Aplica lo que sabes

Lee, escribe y preséntalo •

Investiga un animal. Busca cómo se ve su piel cuando es joven y cuando es adulto. Haz dibujos que muestren lo que has encontrado.

Participar en un proyecto de investigación
Busca sugerencias en el manual en línea.

Lección 2 • ¿En qué se parecen los animales a sus progenitores?

245

Animales del mismo tipo

¿Por qué los animales de un mismo tipo pueden tener semejanzas y diferencias?

Aprende en línea. ▶

Estos peces son todos del mismo tipo. Tienen las mismas partes del cuerpo, pero no son del mismo tamaño. También tienen diferentes colores y marcas.

Estos perros son todos del mismo tipo. Tienen cuatro patas y una cola. Tienen pelaje, pero de diferentes colores.

© Houghton Mifflin Harcourt • Image Credits: (t) ©CSP_natspel / Fotosearch LBRF / age fotostock; (b) ©lizzen/Getty Images

Observa los animales.
Encierra en un círculo los dos
que son del mismo tipo.
Busca patrones.

Patrones
Busca
sugerencias
en el manual
en línea.

Lección 2 • ¿En qué se parecen los animales a sus progenitores?

247

Práctica matemática • Compara los perros. Ordénalos del más bajo al más alto. Escribe 1, 2 o 3.

Comparar y ordenar longitudes
Busca sugerencias en el manual en línea.

_____   _____   _____

Aplica lo que sabes

Cuaderno de evidencias • Trabaja con un compañero. Busca animales del mismo tipo en libros. Explica en qué se parecen y en qué se diferencian. Presenta evidencias para explicar cómo lo sabes. Dibuja los animales en tu Cuaderno de evidencias.

Un paso más
El ciclo de vida de la mariposa

Aprende más en línea.

Investigación
sobre mascotas

Aprende en línea. ▶

Algunos animales jóvenes se ven muy distintos de sus progenitores. Un ejemplo es la mariposa. Esta realiza grandes cambios a medida que crece. Su vida comienza dentro de un huevo.

Del huevo, nace una oruga.

Luego se transforma en una crisálida. Esta produce una envoltura rígida.

Por último, sale una mariposa adulta de esa envoltura. Algún día podrá poner huevos.

Lee, escribe y preséntalo

✏️➤ ¿Qué otras preguntas tienes acerca del ciclo de vida de la mariposa? Anota tus preguntas. Investiga para responderlas.

Hacer y responder preguntas
Busca sugerencias en el manual en línea.

_____

_____

_____

✏️➤ Ordena las imágenes para mostrar el ciclo de vida de la mariposa. El primer ejercicio está hecho como ejemplo.

1 _____

_____

_____

_____

Nombre _____

¿Puedes resolverlo?

✏️ Ves un animal joven. Quieres encontrar un animal adulto que sea del mismo tipo. ¿Qué deberías buscar?

Asegúrate de

• explicar en qué se parecen y en qué se diferencian los animales de un mismo tipo.

• explicar cómo puedes buscar patrones para saber si dos animales son del mismo tipo.

_____

_____

_____

_____

Lección 2 • ¿En qué se parecen los animales a sus progenitores?

251

Autorrevisión

1. ¿Qué afirmaciones sobre la mayoría de los animales jóvenes y sus progenitores son verdaderas? Elige todas las respuestas correctas.

   (A) Los animales jóvenes tienen partes parecidas a las de sus progenitores.

   (B) Los animales jóvenes crecen y se parecen a sus progenitores.

   (C) Los animales jóvenes son más grandes que sus progenitores.

2. Marco ve un animal joven que tiene escamas en el cuerpo. ¿Qué es probable que tenga el progenitor del animal joven?

   (A) pelaje

   (B) escamas

   (C) caparazón

3. Observa los animales jóvenes y sus progenitores. ¿Qué patrón ves?

   (A) Son del mismo tamaño.

   (B) Tienen el mismo patrón en su pelaje.

   (C) Las partes del cuerpo son distintas.

4. ¿Cuál es el progenitor de cada cría?
   Traza una línea que una al progenitor con su cría.

5. Amy observa dos perros que son del mismo tipo. ¿Qué oraciones acerca de los perros podrían ser verdaderas?

Ⓐ Los perros son de diferentes colores.

Ⓑ Un perro tiene pelaje y el otro tiene plumas.

Ⓒ Un perro es más pequeño que el otro.

Lección 2 • ¿En qué se parecen los animales a sus progenitores?

253

¿Cómo cuidan los animales a sus crías?

Los animales cuidan a sus crías de distintas maneras.

Al final de esta lección, podré describir patrones en la manera en que los animales ayudan a sus crías a sobrevivir.

Los animales ayudan a sus crías

Aprende en línea. ▶

Muchos animales ayudan a sus crías a sobrevivir. Esta rana lleva encima a su renacuajo para subir a un árbol. Lo pone en el agua que hay dentro de una flor. El renacuajo obtiene lo necesario para vivir y crecer dentro del agua.

¿Puedes explicarlo?

✏️ ¿Cómo ayudan los animales a sus crías a sobrevivir?

_____

_____

Mantenerse protegido

Una **conducta** es la manera en que actúa un animal. ¿Qué conductas sirven para proteger a las crías?

Aprende en línea. ▶

Las crías de los conejos se esconden en el césped mientras su madre no está. Esperan a que su madre regrese. Cuando escuchan que ella los llama, responden.

Los perritos de la pradera viven en grupo. Ladran para avisar al grupo que están en peligro.

Traza una línea que una a los animales con las palabras que describen cómo se protegen.

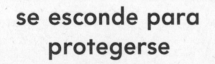
se esconde para protegerse

ladra cuando está en peligro

Práctica matemática •

Una araña lobo lleva
64 huevos en un saco.
Otra araña lobo lleva
48 huevos. ¿Qué número
de huevos es mayor?
Completa con<, > o =.

64 ◯ 48

Comparar números
Busca sugerencias en
el manual en línea.

Aplica lo que sabes

Cuaderno de evidencias •
Trabaja con tus compañeros.
Busquen imágenes de animales y
sus crías protegiéndose. Comenten
qué hacen los animales para
protegerse. Presenten evidencias.
Preparen una tabla para mostrar
los patrones.

**Patrones •
Obtener, evaluar
y comunicar
información**
Busca sugerencias
en el manual
en línea.

258

Buscar alimento

Aprende en línea. ▶

Las crías de petirrojo hacen ruido cuando tienen hambre.

En el caso de los leones marinos, la madre llama a sus crías para alimentarlas y ellas responden.

Los animales necesitan alimento para vivir. Muchos animales alimentan a sus crías. Las crías muestran ciertas conductas para recibir alimento de sus progenitores.

© Houghton Mifflin Harcourt • Image Credits: (t) © James Bray/ Creatas Images/ Getty Images; (b) © Andrew Lundquist/ Shutterstock, Inc.

Lección 3 • ¿Cómo cuidan los animales a sus crías?

259

✏️ **Encierra en un círculo el animal que alimenta a sus crías cuando hacen ruido.**

✋ Aplica lo que sabes

Cuaderno de evidencias •

Observa los animales que hay cerca de tu escuela. ¿Qué hacen los animales para buscar alimento y sobrevivir? Presenta evidencias para explicar cómo lo sabes. Comenta con un compañero. Haz una tabla para mostrar los patrones que observaste.

💡

Patrones •
El conocimiento científico se basa en evidencias empíricas
Busca sugerencias en el manual en línea.

Las crías aprenden

Aprende en línea. ▶

Las crías de oso aprenden a atrapar peces para comer.

Las crías de leopardo aprenden a mantenerse en movimiento para protegerse.

Algunas crías aprenden de sus progenitores. Se quedan con ellos durante algunos años y miran lo que hacen para buscar alimento y protegerse.

¿Qué le está enseñando este orangután a su cría?

(A) a buscar fruta

(B) a esconderse en un refugio

(C) a atrapar animales pequeños

Aplica lo que sabes

Lee, escribe y preséntalo • Piensa en cómo cuidan a sus crías distintos animales. Trabaja con un compañero para responder estas preguntas: ¿Qué conductas son iguales entre los distintos animales? ¿Qué conductas son diferentes?

Recordar Información • Hacer y responder preguntas Busca sugerencias en el manual en línea.

Actividad práctica
Compara cómo aprenden los animales

Materiales

- una computadora
- libros sobre animales

Pregunta

_____

Pon a prueba y anota los resultados Aprende en línea. ▶

Paso 1

Trabaja con un compañero. Investiga acerca de los osos polares y los leones. Usa libros sobre animales y una computadora para reunir información.

Paso 2

Busca de qué manera los osos polares y los leones enseñan a sus crías a buscar alimento. Investiga cómo les enseñan a sus crías a protegerse.

Paso 3

Escribe o dibuja lo que has encontrado. Busca patrones en las formas que tienen las crías de aprender de los progenitores.

_____

_____

_____

_____

_____

Haz una afirmación en la que respondas la pregunta.

_____

_____

¿Qué evidencias tienes?

_____

_____

_____

Un paso más

Profesiones de las ciencias y la ingeniería • Guardián de zoológico

Aprende más en línea.
Por su cuenta

Aprende en línea.

¿Qué hace un guardián de zoológico? Los guardianes cuidan a los animales que viven en un zoológico. Observan cómo actúan. Buscan patrones para aprender cuál es la manera correcta de cuidarlos.

Los guardianes de zoológico les dan a los animales el alimento y el agua que necesitan para vivir. Se ocupan de que ellos y su medio ambiente estén limpios.

Traza una línea que una las imágenes con las palabras que las describen.

alimenta
a los animales

limpia el medio
ambiente

observa los
animales

Práctica matemática • En el zoológico A hay 80 animales. En el zoológico B hay 10 animales más que en el zoológico A. ¿Cuántos animales hay en el zoológico B?

Ⓐ 70

Ⓑ 81

Ⓒ 90

Hacer cálculos mentales
Busca sugerencias en el manual en línea.

Revisión de la lección

Nombre _____

Aprende en línea. ▶

¿Puedes explicarlo?

✏️ ¿Cómo ayudan los animales a sus crías a sobrevivir?

Asegúrate de

- describir los patrones en la manera de actuar de algunos animales para cuidar a sus crías.
- explicar cómo estas conductas ayudan a las crías a sobrevivir.

_____

_____

_____

Autorrevisión

1. ¿Qué puede hacer un animal para proteger a sus crías?
   Elige todas las respuestas correctas.

   Ⓐ alimentar a sus crías

   Ⓑ llamar a sus crías

   Ⓒ esconder a sus crías

2. ¿Qué animales se protegen de la misma manera?
   Empareja los animales.

© Houghton Mifflin Harcourt • Image Credits: (tl) ©Paul Nicklen/National Geographic/Getty Images; (tr) © SteveOehlenschlager/ Getty Images; (cl) © robertharding / Alamy Stock Photo; (bl) © AnetaPics/ iStock/ Getty Images; (cr) ©ALEXANDER JOE/AFP/Getty Images; (tr) © Rosanne Tackaberry / Alamy Stock Photo

3. Observa las aves y sus crías. ¿Qué patrón ves?

Ⓐ El ave progenitora está enseñando a sus crías a volar.

Ⓑ El ave progenitora está alimentando a sus crías.

Ⓒ El ave progenitora y sus crías están protegiéndose.

4. ¿Cuál de estas oraciones sobre las crías es **verdadera**?

Ⓐ Las crías solo hacen ruido cuando están en peligro.

Ⓑ Todas las crías hacen los mismos ruidos.

Ⓒ Algunos animales y sus crías hacen ruido para poder encontrarse.

5. ¿Cuánto tiempo se quedan los cachorros de oso y de leopardo con sus madres?

Ⓐ algunos días

Ⓑ algunas semanas

Ⓒ algunos años

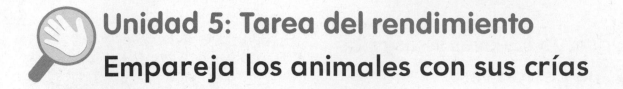

Unidad 5: Tarea del rendimiento
Empareja los animales con sus crías

Materiales
- libros sobre animales
- cartulina
- crayones
- tijeras

PASOS

Paso 1

Usa libros para investigar sobre los animales y sus crías. Elige cinco tipos de animales.

Paso 2

Recorta la cartulina para preparar diez tarjetas. Asegúrate de que tengan el mismo tamaño.

Paso 3

En cinco de las tarjetas, dibuja animales adultos. En las otras cinco tarjetas, dibuja sus crías.

Paso 4

Pon las tarjetas boca abajo sobre la mesa. Pídele a un amigo que dé vuelta dos tarjetas. Si las tarjetas coinciden, describe en qué se parecen y en qué se diferencian los adultos de las crías.

Paso 5

Den vuelta las tarjetas por turnos hasta emparejar todos los adultos con las crías. ¿Qué patrones encuentras?

✔️ Comprueba

_____ Investigué sobre los animales y sus crías.

_____ Preparé diez tarjetas de animales.

_____ Participé del juego de emparejar las tarjetas.

_____ Comparé los animales con sus crías.

Unidad 5: Repaso

Nombre _____

1. Observa esta planta joven. ¿Cuál es su progenitora? Busca patrones.

Ⓐ   Ⓑ   Ⓒ

2. ¿En qué se pueden diferenciar plantas de una misma clase? Elige todas las respuestas correctas.

   Ⓐ Las flores pueden ser de distintos colores.

   Ⓑ Pueden tener distintas cantidades de hojas.

   Ⓒ Pueden dar distintos tipos de frutos.

3. Zak encontró una planta en su jardín. Quiere encontrar una planta joven de la misma clase. ¿Qué debe buscar?

   Ⓐ una planta pequeña con hojas más grandes

   Ⓑ una planta pequeña con hojas que tengan la misma forma

   Ⓒ una planta del mismo tamaño

4. ¿Qué animal es el progenitor de cada cría? Empareja las crías con su progenitor.

5. Kim ve un animal cubierto de pelo. ¿De qué estará cubierta una cría del mismo tipo de animal?
   Ⓐ plumas
   Ⓑ un caparazón
   Ⓒ pelo

6. ¿Cuál de estas oraciones sobre las crías y sus progenitores es verdadera? Elige todas las respuestas correctas.
   Ⓐ Las crías son más pequeñas que sus progenitores.
   Ⓑ Las crías y sus progenitores siempre son de colores distintos.
   Ⓒ Las crías y sus progenitores son el mismo tipo de animal.

7. Bella ve dos caballos que son del mismo tipo, pero que no son exactamente iguales. ¿En qué cosas pueden ser diferentes?

Ⓐ Tienen distintos pelajes.

Ⓑ Son de tamaños diferentes.

Ⓒ Uno tiene más patas que otro.

8. ¿Cuáles de estos ejemplos son cosas que un progenitor podría enseñar a sus crías? Elige todas las respuestas correctas.

Ⓐ cómo protegerse

Ⓑ cómo buscar alimento

Ⓒ cómo hacer ruido

9. ¿Por qué muchas crías de ave hacen ruido?

Ⓐ para poder volver a su nido

Ⓑ para ocultarse del peligro

Ⓒ para que sus progenitores les den de comer

10. ¿Qué animales están alimentando a sus crías? Busca patrones. Elige todas las respuestas correctas.

Unidad 6
Objetos y patrones en el cielo

Proyecto de la unidad •
Explora las fases de la Luna

¿Cómo harías un modelo de las fases de la Luna? Investiga para saberlo.

Unidad 6: Vistazo

© Houghton Mifflin Harcourt

Vocabulario de la unidad

estrella objeto que está en el cielo y tiene luz propia (pág. 280)

sol la estrella más cercana a la Tierra (pág. 280)

luna gran esfera de roca que gira alrededor de la Tierra (pág. 286)

fases patrón de luz y oscuridad de la Luna que ves cuando esta se mueve (pág. 288)

estación época del año en la que el estado del tiempo tiene características determinadas (pág. 298)

Juego de vocabulario • Muestra la palabra

Materiales
• un set de tarjetas de palabras

1. Prepara tarjetas de palabras con un compañero.
2. Coloca las tarjetas boca abajo en un montón.
3. Toma una tarjeta, pero no muestres cuál es la palabra.
4. Dibuja o representa la palabra para que tu compañero la adivine.
5. Una vez que adivine cuál era la palabra, tu compañero debe tomar una tarjeta y dibujarla o representarla.

¿Cómo cambian los objetos en el cielo?

De noche, parece que hay cambios en los objetos que están en el cielo.

Al final de esta lección,
podré describir los objetos en el cielo
y predecir sus patrones.

Los objetos en el cielo

Aprende en línea.

día

noche

Podemos ver objetos en el cielo durante el día.

Podemos ver objetos en el cielo durante la noche.

¿Puedes explicarlo?

¿Cómo cambian los objetos en el cielo?

_____

_____

_____

_____

Lección 1 • ¿Cómo cambian los objetos en el cielo?

El cielo diurno

Aprende en línea.

el Sol desde la Tierra

el Sol de cerca

Podemos ver objetos en el cielo diurno. Podemos ver el Sol y, a veces, la Luna. El Sol es una estrella. Una **estrella** es un objeto que está en el cielo. Tiene luz propia. El **Sol** es la estrella más cercana a la Tierra. Está compuesto por gases calientes. Da luz y calor.

Subraya dos oraciones que den información sobre el Sol.

Aplica lo que sabes

Cuaderno de evidencias • Trabaja con un compañero. Comenta lo que sabes sobre el Sol en el cielo diurno. Presenta evidencias para explicar cómo lo sabes. Luego, escríbelo en el Cuaderno de evidencias.

Patrones en el cielo durante el día

Aprende en línea. ▶

temprano por la mañana

08:00

al mediodía

12:00

al final de la tarde

04:00

Todos los días, la Tierra da un giro completo. Esto nos hace creer que el Sol se desplaza por el cielo. Temprano por la mañana, parece que el Sol está en la parte baja del cielo. Al mediodía, parece que el Sol está justo arriba de nosotros. Hacia el final de la tarde, parece que el Sol está bajo otra vez, pero del otro lado del cielo. Este patrón se repite todos los días.

Empareja la imagen con la palabra o palabras que la describan.

temprano por la mañana

al mediodía

al final de la tarde

Nombre _____

Actividad práctica
Observa el patrón del Sol

> **Materiales**   • papel de dibujo

Pregunta

_____

Pon a prueba y anota los resultados   [**Aprende en línea.** ▶]

Paso 1

Elige un momento de la mañana. Anota la hora.

_____

Paso 2

Ve afuera. Haz un dibujo de la posición del Sol. Asegúrate de no mirar hacia el Sol directamente.

Paso 3

Busca un objeto que dé sombra. Dibuja el objeto y su sombra.

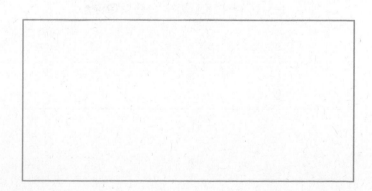

© Houghton Mifflin Harcourt

Paso 4

Repite los pasos 2 y 3 al mediodía y otra vez a la tarde. Compara la posición del Sol y de las sombras en los diferentes momentos del día.

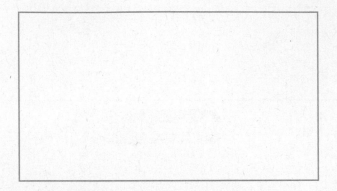

Paso 5

Repite la actividad otro día. ¿Qué patrones ves?

Haz una afirmación en la que respondas la pregunta.

_____

_____

_____

¿Qué evidencias tienes?

_____

_____

Lee, escribe y preséntalo •

Piensa en lo que aprendiste con la actividad. ¿Siempre parece que el Sol se mueve de esa manera? Busca más información en libros o en Internet.

Recordar información • **Orden y coherencia** Busca sugerencias en el manual en línea.

✏️ Anota lo que pensaste.

_____

_____

_____

_____

Aplica lo que sabes

Trabaja con un compañero. Haz un modelo del Sol en el cielo durante el día. Usa tu modelo para explicar el patrón del movimiento del Sol.

El cielo durante la noche

Aprende en línea. ▶

la Luna desde la Tierra

la Luna de cerca

La noche siempre viene después del día. Muchas noches podemos ver la Luna en el cielo. La **Luna** es una gran esfera de roca que gira alrededor de la Tierra. Pareciera que la Luna brillara, pero la Luna no tiene luz propia. La Luna refleja la luz del Sol.

✏️ Escribe un dato sobre la Luna.

_____

_____

_____

En una noche despejada, se pueden ver muchas estrellas. Las estrellas son esferas de gases calientes. Esos gases iluminan. Esa luz es lo que vemos desde la Tierra. Las estrellas se ven pequeñas porque están muy lejos. Podemos verlas mejor con un telescopio. El telescopio hace que los objetos se vean más grandes.

▭▭▷ Subraya la oración que dice por qué se pueden ver las estrellas.

Aplica lo que sabes

Trabaja en grupo. Haz un diccionario de imágenes sobre el cielo a la noche. Haz una lista de los objetos en el cielo a la noche. Haz un dibujo para cada objeto. Escribe oraciones para describirlos.

Patrones en el cielo a la noche

Aprende en línea. ▶

luna nueva

cuarto creciente

luna llena

cuarto menguante

La forma de la Luna parece cambiar. Esos cambios se llaman fases. Las **fases** son el patrón de luz y oscuridad de la Luna que ves cuando esta se mueve. Las fases se repiten cada mes.

Patrones
Busca sugerencias en el manual en línea.

Práctica matemática • 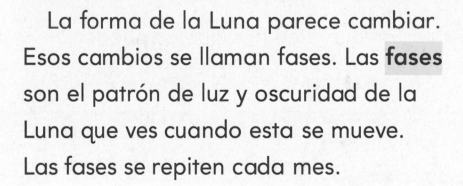 Marca con una X la fase de la Luna que se parece a un círculo completo. Encierra en un cuadro las fases que parecen la mitad de un círculo.

Describir partes Busca sugerencias en el manual en línea.

Estas estrellas se pueden ver durante el verano.

Estas estrellas se pueden ver durante el invierno.

El Sol es la única estrella que se puede
ver durante el día. Pero las estrellas que
ves cada noche no son siempre las mismas.
Cambian según la estación.

¿Qué oraciones acerca de los patrones de las estrellas son verdaderas? Elige todas las respuestas correctas.

(A) El Sol es la única estrella que se puede ver durante el día.

(B) Las estrellas que se ven durante la noche en invierno son iguales a las que se ven en verano.

(C) Se pueden ver estrellas diferentes en diferentes momentos del año.

✋ **Aplica lo que sabes**

Cuaderno de evidencias • Trabaja en grupo. Haz un modelo de las fases de la Luna. Usa tu modelo para describir el patrón de las fases de la Luna. ¿Por qué parece que la Luna cambia? Presenta evidencias para explicar cómo lo sabes. Anota las respuestas en el Cuaderno de evidencias.

Un paso más

Personajes de las ciencias y la ingeniería • Dra. Sarah Ballard

Aprende más en línea.

Tecnología espacial

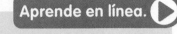

Aprende en línea. ▶

La Dra. Sarah Ballard es astrónoma. Un astrónomo estudia los objetos del cielo. La Dra. Ballard busca planetas nuevos. Un planeta es un objeto grande que está en el espacio y gira alrededor de un sol o de una estrella. La Tierra es un planeta.

© Houghton Mifflin Harcourt

Aprende en línea. ▶

Este es el modelo de un satélite que la Dra. Ballard va a usar.

¿Qué hacen los astrónomos? Elige todas las respuestas correctas.

Ⓐ Estudian los objetos del cielo.

Ⓑ Encuentran planetas nuevos.

Ⓒ Estudian a los animales.

Revisión de la lección

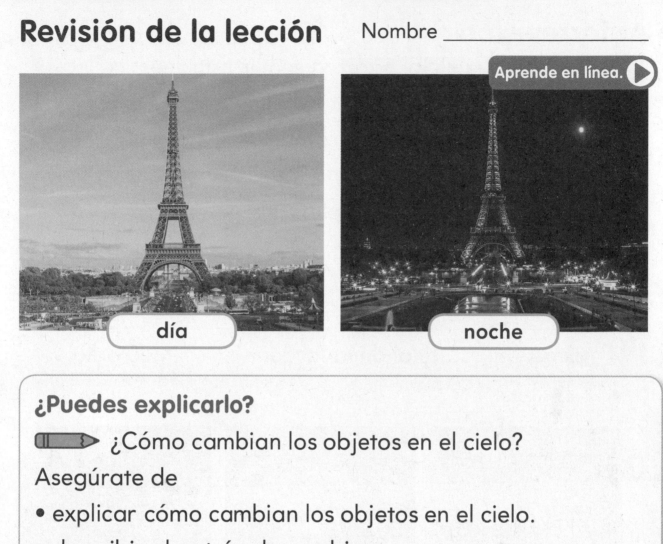

día

Aprende en línea. ▶

noche

¿Puedes explicarlo?

✏️ ¿Cómo cambian los objetos en el cielo?

Asegúrate de

- explicar cómo cambian los objetos en el cielo.
- describir el patrón de cambios.

_____

_____

_____

_____

_____

Autorrevisión

1. ¿Qué hace que el Sol parezca seguir patrones de movimiento?

   Ⓐ La Tierra da un giro completo.

   Ⓑ El Sol da un giro completo.

   Ⓒ La Luna da un giro completo.

2. ¿Qué momento del día es en cada imagen? Rotula las imágenes con las palabras del recuadro.

   | noche | final de la tarde | mediodía |

   _____   _____   _____

3. ¿Cuántas veces parece que sale el Sol en una semana?

   Ⓐ 1

   Ⓑ 7

   Ⓒ 14

4. ¿Qué es la Luna?

Ⓐ una estrella que gira alrededor de la Tierra

Ⓑ una gran esfera de roca que gira alrededor
de la Tierra

Ⓒ una gran esfera de roca que bloquea la luz
del Sol

5. ¿Cuáles son las fases de la Luna? Numera las imágenes
en el orden correcto. El primer ejercicio está hecho como
ejemplo.

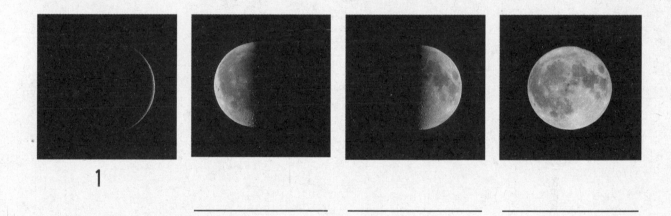

1   _____   _____   _____

6. ¿Cuáles son los patrones de los objetos en el cielo?
Elige todas las respuestas correctas.

Ⓐ El Sol parece desplazarse en el cielo durante el día.

Ⓑ Todas las estrellas aparecen en el cielo durante el día.

Ⓒ La Luna parece cambiar de forma a lo largo del mes.

¿Cuáles son los patrones de la luz?

Los patrones de la luz cambian a lo largo del año.

Al final de esta lección,
podré describir los patrones de la luz.

© Houghton Mifflin Harcourt • Image Credits: ©Priya Photography/Getty Images

Cambio de estaciones

Aprende en línea. ▶

primavera

verano

invierno

otoño

La cantidad de luz solar y las estaciones cambian a lo largo del año. ¿Qué patrones siguen?

¿Puedes explicarlo?

✏️ Las flores se plantan en las estaciones que tienen mayor luz solar. ¿Qué estaciones elegirías?

_____

_____

Lección 2 • ¿Cuáles son los patrones de la luz?

Las cuatro estaciones

Aprende en línea. ▶

primavera

verano

invierno

otoño

Una **estación** es una época del año en la que el estado del tiempo tiene características determinadas. Las cuatro estaciones son primavera, verano, otoño e invierno. El patrón de las estaciones se repite año tras año.

✋ Aplica lo que sabes

Elige una estación y haz un collage. Nombra tu collage según la estación que elegiste. Escribe oraciones para describirla. Comparte tu collage con la clase.

298

Primavera y verano

Aprende en línea. ▶

La primavera viene después del invierno. El aire es más cálido. Hay más horas de luz que en invierno. Los días de primavera pueden ser lluviosos, así que las personas usan abrigos livianos. Las plantas comienzan a crecer porque el aire es más cálido y hay más luz durante el día.

✏️ Escribe una oración para describir la primavera.

_____

_____

_____

Aprende en línea. ▶

El verano viene después de la primavera. El primer día de verano tiene la mayor cantidad de horas de luz. En general, los días de verano son calurosos y soleados. Las personas usan ropa fresca. Las flores y las frutas crecen en las plantas.

✏️ Subraya la oración que describe el tiempo en verano.

Aplica lo que sabes

Lee, escribe y preséntalo • Investiga sobre la primavera y el verano. Escribe dos datos nuevos sobre cada estación. Haz un dibujo de los datos que escribiste. Luego, comparte tu trabajo. Compara la información. ¿Encontraste algún patrón?

Patrones • Participar en un proyecto de investigación Busca sugerencias en el manual en línea.

Otoño e invierno

Aprende en línea. ▶

El otoño viene después del verano. Tiene menos horas de luz solar que el verano. Algunos animales almacenan alimentos para el invierno. Las hojas de muchos árboles cambian de color y se caen. Esto pasa porque hay menos horas de luz.

✏️ Escribe una oración en la que describas el otoño.

_____

_____

_____

El invierno viene después del otoño. El primer día de invierno tiene la menor cantidad de horas de luz solar. El invierno es la época más fría del año. En algunos lugares, cae nieve. La gente usa mucho abrigo para evitar el frío. A algunos animales les crece un pelaje grueso.

Escribe una oración en la que describas el invierno.

_____

_____

_____

Práctica matemática • La tabla muestra las estaciones preferidas por algunos niños.

ESTACIÓN FAVORITA	¿CUÁNTOS?
invierno	||
primavera	卌
verano	卌 ||||
otoño	||||

¿Cuántos niños prefirieron el verano antes que la primavera?

Ⓐ 5   Ⓑ 3   Ⓒ 4

> **Resolver problemas de palabras** Busca sugerencias en el manual en línea.

✋ Aplica lo que sabes

Lee, escribe y preséntalo •

Cuaderno de evidencias • ¿Por qué crees que el tiempo cambia a lo largo del año? Usa lo que sabes sobre las estaciones como evidencia.

> **Recordar información** Busca sugerencias en el manual en línea.

Patrones de la luz solar

Aprende en línea. ▶

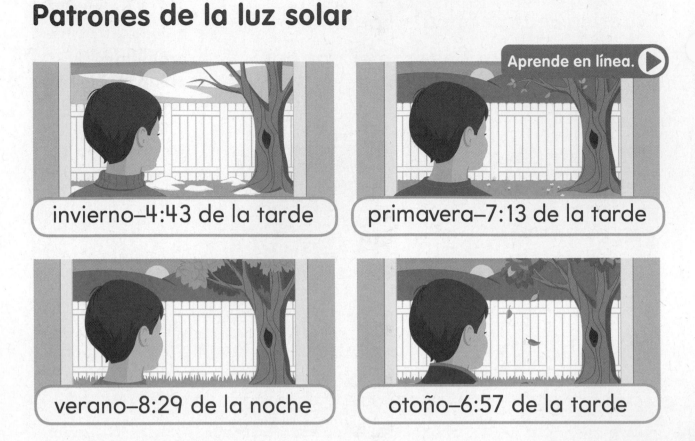

invierno—4:43 de la tarde

primavera—7:13 de la tarde

verano—8:29 de la noche

otoño—6:57 de la tarde

La cantidad de luz solar cambia según la estación. El Sol sale y se oculta en horarios diferentes durante el año. Este patrón se repite todos los años. Observa la hora a la que se oculta el Sol en el mismo lugar durante el comienzo de cada estación.

Aplica lo que sabes

Cuaderno de evidencias • Trabaja con un compañero. Presenta evidencias para explicar los patrones de la luz solar durante el año. Escribe lo que explicaste en tu Cuaderno de evidencias.

Actividad práctica
Observa patrones en la puesta del sol

Materiales	• un calendario	• una computadora
	• crayones	• papel de dibujo

Pregunta

_____

Pon a prueba y anota los resultados Aprende en línea. ▶

Paso 1

Identifica la estación y la fecha. En conjunto,
investiguen a qué hora caerá el Sol ese día.

Paso 2

Investiguen a qué hora caerá el Sol en un día
de las próximas dos estaciones.

Lección 2 • ¿Cuáles son los patrones de la luz?

Paso 3

Compara todas las horas que encontraste. Anota los patrones.

Haz una afirmación en la que respondas la pregunta.

_____

_____

_____

_____

_____

¿Qué evidencias tienes?

_____

_____

_____

_____

_____

Un paso más

Profesiones de las ciencias y la ingeniería • Biólogo circadiano

Aprende más en línea.

El sol de medianoche

Aprende en línea. ▶

Los biólogos circadianos estudian cómo las estaciones y la luz solar afectan a los seres vivos.

Uno puede sentirse más cansado en otoño e invierno. Los biólogos circadianos descubrieron por qué. En otoño e invierno, hay menos luz solar. Esto te da más sueño.

La disminución de la luz también afecta a los animales. Sienten que es hora de prepararse para el invierno.

Piensa en las personas y en los animales de tu casa o de tu comunidad. ¿Cómo los afectan las estaciones? ¿En qué cambian?

Haz un dibujo para mostrar lo que pasa. Después, escribe sobre eso.

Revisión de la lección

© Houghton Mifflin Harcourt • Image Credits: (tl) ©Image Bank Film/Getty Images; (tr) ©Image Bank Film/Getty Images; (br) ©Image Bank Film/Getty Images; (bl) ©Image Bank Film/Getty Images

Aprende en línea. ▶

primavera

verano

invierno

otoño

¿Puedes explicarlo?

🖍 Las flores se plantan en las estaciones que tienen más luz solar. ¿Qué estaciones elegirías?

Asegúrate de

• explicar por qué conocer los patrones de la luz solar te ayudó a resolver el problema.

_____

_____

_____

Lección 2 • ¿Cuáles son los patrones de la luz?

Autorrevisión

1. Escribe los números 2, 3 y 4 para ordenar las estaciones.
   El primer ejercicio está hecho como ejemplo.

primavera — invierno — otoño — verano

1 _____ _____ _____

2. Esta familia está cenando a la misma hora en invierno y
   en verano. ¿Qué dato es verdadero acerca del momento
   en que se oculta el Sol?

invierno — verano

Ⓐ El Sol parece ocultarse más temprano en verano.

Ⓑ El Sol parece ocultarse más temprano en invierno.

Ⓒ El Sol parece ocultarse a la misma hora en invierno
   y en verano.

3. La primavera y el otoño tienen casi la misma cantidad de horas de _____.

   (A) lluvia

   (B) puesta de sol

   (C) luz solar

4. Si el Sol se oculta a las 7 en el primer día de primavera, ¿cuándo parece que se ocultará el primer día de verano?

   (A) antes de las 7

   (B) después de las 7

   (C) a la misma hora

5. ¿Cuál es un patrón de la luz solar?

   (A) La cantidad de luz solar cambia de un día a otro según las estaciones.

   (B) La cantidad de luz solar cambia de un año a otro.

   (C) La cantidad luz solar no cambia nunca.

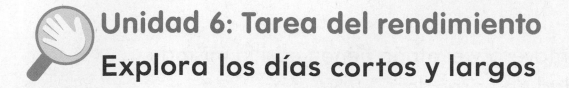

Unidad 6: Tarea del rendimiento
Explora los días cortos y largos

Materiales
- dos plántulas del mismo tipo
- agua
- clips

PASOS

Paso 1

Rotula una plántula **invierno** y la otra **primavera**. Mide la altura de cada plántula con clips. Anota tus observaciones.

Paso 2

Coloca las plántulas en la ventana donde les dé el sol. Después de una hora, coloca la plántula rotulada **invierno** en un lugar oscuro. Deja la plántula rotulada **primavera** en la ventana donde le dé luz solar.

Paso 3

Coloca la plántula rotulada **invierno** en la ventana solamente una hora por día.

© Houghton Mifflin Harcourt

Paso 4

Observa las plántulas durante dos semanas.
Riega la tierra cuando se seque. Mide y anota
los resultados todos los días.

Paso 5

Usa la evidencia para explicar por qué una
planta en primavera crece más que una planta
en invierno. Compara los resultados que obtuviste
con los de tus compañeros.

✔ Comprueba

_____ Le di mucha luz a la plántula con el rótulo
de **primavera**.

_____ Le di poca luz a la plántula con el rótulo
de **invierno**.

_____ Observé las plántulas durante dos semanas
y anoté mis observaciones todos los días.

_____ Expliqué por qué una planta en primavera
crece más que una en invierno.

_____ Comparé mis resultados con los de
mis compañeros.

Nombre _____

1. ¿Qué objetos tienen luz propia?
   Elige todas las respuestas correctas.
   Ⓐ luna
   Ⓑ sol
   Ⓒ estrella

2. ¿Cuándo sale el Sol?
   Ⓐ a la mañana
   Ⓑ al mediodía
   Ⓒ a la noche

3. Observa la sombra en la imagen.
   ¿Dónde parece estar el Sol?
   Ⓐ bajo, porque es de mañana
   Ⓑ alto, porque es mediodía
   Ⓒ bajo, porque es de tarde

4. ¿Qué patrón se repite todos los días?
   Ⓐ El Sol parece desplazarse por el cielo.
   Ⓑ La forma de la Luna pareciera que cambia.
   Ⓒ Las estaciones cambian.

5. ¿Qué fase de la Luna
   se ve en la imagen?
   Ⓐ luna nueva
   Ⓑ cuarto creciente
   Ⓒ luna llena

6. Observa las imágenes. ¿Qué palabra describe a cada
   imagen? Completa con las palabras del cuadro.

| otoño | primavera | verano | invierno |

_____   _____   _____   _____

7. ¿Qué estación viene después del verano?
   Ⓐ primavera
   Ⓑ otoño
   Ⓒ invierno

8. ¿Qué enunciados son verdaderos acerca del otoño?
Elige todas las respuestas correctas.

Ⓐ Tiene menos horas de luz solar que el verano.

Ⓑ Algunos animales van a lugares más cálidos.

Ⓒ Las personas se visten con ropa fresca.

9. ¿Qué día del año tiene la mayor cantidad de horas de luz solar?

Ⓐ el primer día de invierno

Ⓑ el primer día de primavera

Ⓒ el primer día de verano

10. ¿En qué se diferencia el invierno del verano?

Ⓐ El invierno tiene menos horas de luz que el verano.

Ⓑ El invierno tiene más horas de luz que el verano.

Ⓒ El invierno tiene la misma cantidad de horas de luz que el verano.

Glosario interactivo

Con este glosario interactivo, aprenderás cómo se escribe y cómo se define un término de vocabulario. En el glosario, encontrarás el significado de cada término. También encontrarás una imagen que servirá de ayuda para entender mejor qué significa el término.

En el recuadro donde aparece ✏️, escribe algunas palabras o haz un dibujo que te sirva para recordar el significado del término.

adaptación

Algo que le permite a un ser vivo sobrevivir en su medio ambiente. (pág. 198)

branquias

Partes del cuerpo que toman el oxígeno del agua. (pág. 183)

Glosario interactivo

comunicar

Compartir información. (pág. 60)

conducta

Manera en que actúa un animal. (pág. 256)

descendientes

Los hijos de una planta o un animal. (pág. 222)

estación

Época del año en la que el estado del tiempo tiene características determinadas. (pág. 298)

estrella

Objeto que está en el cielo y tiene luz propia. (pág. 280)

fases

Patrón de luz y oscuridad de la Luna que ves cuando esta se mueve. (pág. 288)

Glosario interactivo

imitar

Copiar. (pág. 147)

ingeniera

Persona que usa las matemáticas y las ciencias para resolver problemas. (pág. 6)

luna

Gran esfera de roca que gira alrededor de la Tierra. (pág. 286)

luz

Energía que te permite ver. (pág. 84)

medio ambiente

Todos los seres vivos y los componentes no vivos que hay en un lugar. (pág. 198)

problema

Algo que se debe arreglar o mejorar. (pág. 6)

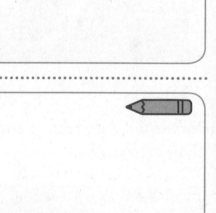

Glosario interactivo

proceso de diseño

Plan con pasos que permite a los ingenieros encontrar buenas soluciones. (pág. 20)

progenitor

Planta o animal que tiene hijos que se le parecen. (pág. 222)

pulmones

Partes del cuerpo que captan el aire. (pág. 183)

© Houghton Mifflin Harcourt • Image Credits: (t) Whiteway/iStock/Getty Images; (b) ©sudok1/iStock/Getty Images

rasgo

Algo que los seres vivos obtienen de sus progenitores. (pág. 231)

reflejar

Rebotar desde una superficie. (pág. 118)

sol

La estrella más cercana a la Tierra. (pág. 280)

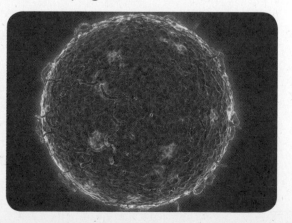

Glosario interactivo

solución

Algo que resuelve un problema. (pág. 6)

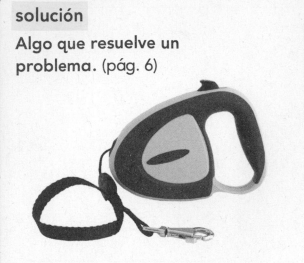

sombra

Parte oscura que se forma cuando un objeto bloquea el paso de la luz. (pág. 104)

sonido

Tipo de energía que oyes cuando algo vibra. (pág. 44)

tecnología

Lo que crean los ingenieros para satisfacer las necesidades y resolver problemas. (pág. 9)

tono

Cuán agudo o grave es un sonido. (pág. 47)

vibrar

Moverse rápidamente hacia delante y hacia atrás. (pág. 44)

Glosario interactivo

volumen

Cuán alto o bajo es un sonido. (pág. 46)

Índice

Índice

Índice

objetos que se ven en la oscuridad, 84–85, 89–92

ojos, 113

para comunicarse, 124–126

para ver en una cueva oscura, 84, 91

prismas, 107–108

que alumbra los objetos, 89, 91

que atraviesa los materiales, 100–103

que bloquean los materiales, 99–103

que dan los objetos, 89, 91, 280

que golpea a un objeto, 115–116

que reflejan los objetos, 118–120

que se mueve en otra dirección, 119–120, 121–122

que viaja en línea recta, 114, 117

semáforo, 124

sombras, 104–106

luz solar, 91, 280

absorción (hojas), 144, 146

arcoíris, 107

estudiar patrones, 307

observar patrones, 305–306

patrones, 297–298, 297–306

patrones de las estaciones, 297–303

patrones del atardecer, 304

plantas, 198, 201

mapache, 244

mariposa, 160

marmota, 206

matemáticas (ingenieros), 6. *Ver también* **Profesiones de las ciencias y la ingeniería**

medio ambiente,

adaptaciones, 198

animales que cambian con las estaciones, 206

crecimiento de las plantas, 198, 199–200

crecimiento de los árboles, 197

movimiento de los animales, 204–205

plantas que cambian con las estaciones, 201

respuestas, 197–206

sentidos de los animales, 202–203

mediodía (cielo), 281, 282

medir

la distancia que recorre un avión de papel, 168

plantas, 198

sonidos, 49

megáfono, 62

Mendel, Gregor, 231–232

modelos

animales, 167–168, 186–188

de las fases de la luna, 290

del sol, 285

hacer (proceso de diseño), 22

para construir soluciones, 22

modificar el diseño (proceso de diseño), 24, 28

morsa, 165

murciélago, 179, 187

música

de Beethoven, Ludwig van, 53–54

para comunicarse, 60

nadar (protegerse), 160, 161

nariz (animales)

para buscar alimento, 179, 202

para percibir cosas, 202

naturaleza (ideas tecnológicas), 9, 146–148

noche (cielo)

objetos, 279, 286–287

patrones, 288–290

nutria de mar, 191

ñus, 204

objetos. *Ver también* **cielo (objetos)**

atravesados por la luz, 100–103

con distintas cantidades

Índice

© Houghton Mifflin Harcourt

Índice